スワン

学習障害のある少女の挑戦

アリス館

はじめに

京都市伏見区《きょうとしふしみく》に住《す》む岡本美香《おかもとみか》さんは、発達障害《はったつしょうがい》のひとつである「学習障害《がくしゅうしょうがい》」をかかえています。しかし、そうしたハンディキャップをせおいながらも、アルバイトを続《つづ》け、美術《びじゅつ》の先生から個人指導《こじんしどう》をうけ、「絵本作家になる」という夢《ゆめ》を追《お》い続《つづ》けています。

平成《へいせい》二十四（二〇一二）年の秋には、京都市伏見区《きょうとしふしみく》の南青少年活動《みなみせいしょうねんかつどう》センターのギャラリースペースをかりて『目標《もくひょう》をみつけ、強く生きている同じ境遇《きょうぐう》の人にメッセージを伝《つた》えたい』と、絵画の個展《こてん》をひらきました。そのことが「京都新聞《きょうとしんぶん》」で大きく掲載《けいさい》されました。

私《わたし》たちは日常《にちじょう》、読んだり、書いたり、話したり、聞いたり、計算したりしながら生活しています。しかし、学習障害《がくしゅうしょうがい》をかかえる人にとっては、このなかのひとつのことさえ、習得《しゅうとく》することがむずかしいのです。

岡本《おかもと》さんは、次《つぎ》のようなことにとまどったといいます。

・時間のとらえかたがにぶく、スムーズに行動《こうどう》できない。

・小学生のころは、わすれものが多く、母に学校まで届《とど》けてもらっていた。（上ばき、リコーダー、絵《え》の具《ぐ》セットなど）

・電話が苦手《にがて》。はじめての人と話すとき、名前がききとれない。内容《ないよう》をメモするのが追《お》いつかない。そこで、すぐにべつの人にかわってもらう。

・数字が苦手《にがて》。数字自体が頭にはいらない。数をかぞえるのも苦手《にがて》。

・記憶《きおく》があいまいになってしまう。

・昨日《きのう》、一昨日《おととい》のできごとが、あやふやになり、手帳《てちょう》や日記をみないと思いだせない。

・映画《えいが》やテレビをみてもすぐわすれてしまう。

・人が話すのをきいて、あらためて思いだすことが多い。

・記憶《きおく》していることが、いつもとびとびで、内容《ないよう》がまとまらない。

・漢字《かんじ》のまちがいが多い。（思↓男、探↓深、輸↓輪、熊↓態、と書いて

しまうなど）

・むずかしいことを一気に、また、いくつかのことを一度《いちど》に話されると頭がパニックになってしまう。
・覚《おぼ》えたはずのことも、頭からぬけおちてしまう。
・予定表《よていひょう》をみないと先のことを覚《おぼ》えられない。
・毎朝カレンダーを確《たし》かめないと、なにをしていいかわからない。

「私《わたし》は、たびたび人から『あなたはふつうだよ』といわれます。でも、学習《がくしゅう》障害《しょうがい》というのは、みためでわかるものではないのです」

岡本《おかもと》さんは、学習障害《がくしゅうしょうがい》ということがわからずに苦《くる》しんでいた、小《しょう》・中学校《ちゅうがっこう》時代《じだい》、養護学校《ようごがっこう》（現特別支援学校《げんとくべつしえんがっこう》）高等部時代《こうとうぶじだい》、そして、卒業後《そつぎょうご》の体験《たいけん》などを、くわしく語ってくださいました。

私《わたし》は、岡本《おかもと》さんが学習障害《がくしゅうしょうがい》でありながら、「絵本作家」をめざすすがたに感動《かんどう》しました。

平成《へいせい》二十四（二〇一二）年十二月五日。文部科学省《もんぶかがくしょう》から「日本の小・中学校の通常学級《つうじょうがっきゅう》に、発達障害《はったつしょうがい》の可能性《かのうせい》のある児童《じどう》・生徒《せいと》が六・五パーセントの割合《わりあい》で在籍《ざいせき》している」という、十年ぶりの調査結果《ちょうさけっか》が公表《こうひょう》されました。

今、「発達障害《はったつしょうがい》」で苦《くる》しんでいる子どもたちがたくさんいます。

——将来《しょうらい》どのように進《すす》んだらいいのか。

——なんで仲間《なかま》から、ばかにされなければいけないのか。

——先生や友だちはなんでわかってくれないのか。

と、なやんでいます。

私は、岡本美香《おかもとみか》さんを紹介《しょうかい》することによって、学習障害者《がくしゅうしょうがいしゃ》の思いがみえてくるのではないかと考えました。

そこで、岡本《おかもと》さんと相談《そうだん》し、家族《かぞく》の了承《りょうしょう》を得《え》て、ここに「岡本美香《おかもとみか》さんの生い立ちから、目標《もくひょう》にむかってあゆんでいる今日のすがたまで」を、まとめてみることにしました。

目次

第1章　小学校時代《しょうがっこうじだい》

■宝石《ほうせき》のような教科書

「みなさん、新しい教科書ですよ」

美香《みか》は、先生から五冊《さつ》の新しい教科書を、口もとをほころばせながらうけとった。大事《だいじ》にむなもとにかかえ、ほおをよせた。

教科書をつくえの上に置《お》くと、一番上にあった『こくご』のページをめくった。まだ、印刷《いんさつ》のかおりがただようカラー写真《しゃしん》のページに鼻《はな》を近づけた。

美香《みか》は、まるで宝石《ほうせき》にでもふれるように、そっとページをめくった。

花のさくみちを、くまさんが歩いていく絵が目にとびこんできた。

「これから、この教科書で、みなさんといっしょに勉強《べんきょう》していきましょうね」

一年四組担任《たんにん》の坂田《さかた》マリ先生は、子どもたちの顔をみまわしながら教科書を両手《りょうて》で高くかざした。

平成《へいせい》三（一九九一）年四月、美香《みか》は京都府立《きょうとふりつ》U市U小学校に入学した。

昨日《きのう》小学校に入学してきたばかりの児童《じどう》たちは、はじめて目にする教科書をひらきながら、友だち同士《どうし》で、たがいに喜《よろこ》びあっていた。

「今まで、お母さんに読んでもらっていた絵本とは、どこかちがう」

美香《みか》は教科書のページをめくるたびにむねがおどり、白い歯《は》をみせては、ひとりほほえんでいた。

美香《みか》にとっての小学校生活は、毎日が楽しいものだった。

なかでも、仲良《なかよ》しのヤスエや、クミコといっしょになって、校庭《こうてい》のアスレチックのてっぺんに登《のぼ》って、あたりの景色《けしき》をながめると、なんだかきゅうに、おとなになったような気分になった。

授業《じゅぎょう》も、毎時間がまちどおしいほどであった。

『こくご』の教科書をひらく。

「おはなが　たくさん　さきました……」

先生のあとに続《つづ》いて、みんなで大きな声をだして読む。

『さんすう』の教科書をひらく。

「リンゴが三個《こ》ありました。ミカンが二個《こ》ありました。全部《ぜんぶ》でいくつでしょう」

「五個《こ》でーす」

友だちといっしょに大声をあげる。

「そう、よくできました」

先生のしつもんに答え、正解《せいかい》のたびにほめられることがうれしかった。

美香《みか》にとっての教科書は、新しいものが次《つぎ》つぎととびだしてくる、「言葉《ことば》の宝石箱《ほうせきばこ》」のようであった。

その「宝石箱《ほうせきばこ》」が、まるで「かいぶつ」のように、おそろしく感《かん》じるようになったのは、二年生のころからだった。なぜか、教科書をひらくたびに手がふるえた。

国語の時間、物語《ものがたり》の登場人物《とうじょうじんぶつ》の気持《きも》ちを、まとめることができない。

作文の時間、自分の思いをひとまとまりの文章《ぶんしょう》にまとめることができない。

算数の時間、数字と数字とが、ごちゃまぜになって、頭が混乱《こんらん》してくる。

やがて、「九九の暗唱《あんしょう》テスト」がおこなわれることになった。クラスの友だちは、数日のうちに覚《おぼ》えてしまう。

「二×二＝四、二×三＝六、二×四＝八……九×八＝七二、九×九＝八一」

休み時間にも、「九九の暗唱《あんしょう》」の声がはじけとぶ。

「美香《みか》ちゃん、がんばりや。私《わたし》たちがついているから……」

ヤスエや、クミコがいつもそばでおうえんしてくれた。

「四×二＝八、四×三＝十三」

「ちゃう、ちゃう、十二やで」

友だちに注意《ちゅうい》されるたびに、美香《みか》はまゆをしかめてうなだれ、つばをグッとのみこむ。心までがしぼんでいく。

そのうち、美香《みか》ひとりを残《のこ》して、クラスの友だちは全員《ぜんいん》「九九の暗唱《あんしょう》」がいえるようになった。

美香《みか》はあせった。でも、どうしても、数字がうかんでこない。なかでも「七の段《だん》」が苦手《にがて》だった。

「先生といっしょに、思いきり校庭《こうてい》でさけんでみようか」

二年生の担任《たんにん》の長谷山《はせやま》トシエ先生は、クラブ活動《かつどう》では陸上部《りくじょうぶ》をうけもっている活動的《かつどうてき》な先生。（校庭《こうてい》なら、教室とちがってほかの子にみられることも少ない。それに、思いきり声もだせるだろう）と、考えたのだ。友だちのヤスエも、美香《みか》を心配《しんぱい》してさりげなく、そばにつきそってくれた。

美香《みか》は、体育《たいいく》の時間がおわったあとなど、グラウンドのかたすみに置《お》かれている平均台《へいきんだい》の前で、暗唱《あんしょう》テストをうけた。

空は晴れわたっていても、心は暗《くら》かった。

「七×五＝三五、七×六＝四三……」

「あっ、ちがうわ」

先生が首をふってさえぎる。

「あっ、いけない、えーと、四二……」

「七×七＝四九、七×八＝えー、七×八……」

どうしても数字がうかんでこない。

「五六やで」

そばにいたヤスエが助《たす》けてくれる。（なんで、私《わたし》だけ、覚《おぼ》えられへんのやろう）美香《みか》は、自分自身《じぶんじしん》の頭にもどかしさを覚《おぼ》える。そんな日が、いく日も続《つづ》いた。

美香《みか》は、母になきついた。

「お母さん、九九が覚《おぼ》えられへん」

「世間《せけん》には、覚《おぼ》えの早い子も、おそい子もいるんや、気にしんとき」

母は、そのときは、さほど勉強《べんきょう》のおくれをしんこくには考えていなかった。

美香《みか》は九九の練習中《れんしゅうちゅう》に、ときどきなみだをこぼすこともあった。それでも、鼻水《はなみず》をすすりながら練習《れんしゅう》を続《つづ》けた。一週間、十日、一か月……。やっと、「九九の暗唱《あんしょう》」ができるようになった。

「美香《みか》ちゃん、全部《ぜんぶ》覚《おぼ》えられたやん」

先生が、目になみだをうかべて、両手《りょうて》で美香《みか》のかたをゆすってくれた。

「よかったなあ、美香《みか》ちゃん」

ヤスエや、クミコも手をにぎってくれた。美香《みか》の目にも、うっすらなみだがにじんでいた。

■トイレがこわい

美香《みか》は昭和《しょうわ》五十九（一九八四）年四月二十日、京都府《きょうとふ》U市で朋政家《ともまさけ》の長女として生まれた。

幼《おさな》いころから活発《かっぱつ》な女の子で、運動《うんどう》が大好《だいす》きだった。なかでもドッジボールやサッカー遊《あそ》びが好《す》きで、毎日のようにボールをなげたり、けったりしていた。近所《きんじょ》の子どもたちとは公園の砂場《すなば》でどろだんごをつくったり、ままごとなどをして遊《あそ》んでいた。

幼稚園《ようちえん》にかよっていたころは、本が大好《だいす》きで、先生に本を読んでもらうの

がなによりの楽しみだった。なかでも、おり紙をおって動物《どうぶつ》などをつくるのが得意《とくい》だった。それなのに、どうして小学校では、「九九の暗唱《あんしょう》」ができないのだろうか。自分自身《じぶんじしん》がもどかしくなってきた。

三年生になった。「国語」をはじめ、「算数」「社会」「理科」の教科は、さっぱり頭にはいってこなくなった。

先生が、教科書の大事《だいじ》な要点《ようてん》を黒板《こくばん》にまとめる。友だちは、それをすぐにノートに書きうつす。先生は、説明《せつめい》をおえるたびに、子どもたちにしつもんをする。

だが、美香《みか》は、先生の板書《ばんしょ》した文字を、まだ半分もうつしとっていない。

「美香《みか》さん、どう思いますか?」

先生に、なにをしつもんされているのか、さっぱりわからない。

美香《みか》の頭のなかは、黒板《こくばん》の文字と先生の言葉《ことば》が、ただぶつかりあっているだけだ。黒板《こくばん》の文字をうつしとるにも、手の動《うご》きがおそく、ときには、文字をとばしてうつしてしまう。だから、あとから家でノートをみてもさっぱりわからない。

先生は、だれにでも答えられるような、やさしい問題《もんだい》をだしてくれることもあった。

「ここの、地元の名産《めいさん》はなんでしょうね？」

「はーい」

いさましい大声と同時に、教室いっぱいに花がゆれるように手があがる。

それでも、美香《みか》は手があげられない。

そのうちに、美香《みか》は教室にいることに、おびえはじめた。

いや、こわいのは、教室だけではなかった。うす暗《ぐら》いトイレは、それ以上《いじょう》に、こわいところだった。

「トイレには、おばけがすんでいるからな」

男の子たちにからかわれ、よけいにおそろしさを感《かん》じた。美香《みか》は、うす暗《ぐら》いトイレには、本当におばけがすんでいると信《しん》じていたのだ。

また、トイレに行くと、友だち同士《どうし》が、だれかの悪口《わるぐち》をいっていることもあった。決《けっ》して、美香《みか》の悪口《わるぐち》をいっているわけではないのだが、美香《みか》の耳には、

「美香《みか》ちゃんが手をあげたのを、みたことあらへんな」

「二けたの、たし算もできへんのやから」

と、いっているようにも感《かん》じられた。

やがて、美香《みか》はトイレに行くことがいやになり、がまんするようになった。そのうちに、教室で何度《なんど》か、おもらしをしてしまった。

美香《みか》のようすに気づいた先生が、美香《みか》の表情《ひょうじょう》がゆがみだすと、そっとから

だをかかえこむようにして、教職員用のトイレにつれていってくれるようになった。

友だちのせせら笑《わら》いが、うしろの方からきこえるように感《かん》じられた。（からだがとけてなくなればいい）美香《みか》はそんな思いにかられた。だんだん学校へ行くのがいやになってきた。

「お母さん、私《わたし》、学校へ行くの、いやや……」

美香《みか》は、学校を休んでしまった。母は、このころから美香《みか》が学習《がくしゅう》についていけないことを、うすうす気づきはじめていた。

「子どもの気持《きも》ちがおさまるまで、家庭《かてい》でようすをみたいので、しばらく休ませてほしい」

母が学校へ連絡《れんらく》をいれたところ、学校でも、その思いを理解《りかい》してくれた。

母は、一週間ほど、いっさい学校生活のことを口にはださなかったが、十日ほどしてから美香《みか》に、学校生活のことについてやさしくたずねた。

「どうして、学校がいやなんや？」

「だって、こわいんやもん」

「なにがこわいんや？」

「勉強《べんきょう》に、教室に、それから、トイレ……」

「なら、こわくないもんは、なにがあるんや？」

「給食《きゅうしょく》」

「へーぇ、あきれたなあ。それやったら、給食《きゅうしょく》の時間だけでも、学校へ行こか。お母さんがいっしょについていくから」

母がおどけたように白い歯《は》をだし、ひょうきんな声でうながした。(勉強《べんきょう》は多少できなくてもいい。けれど、学校での友だち関係《かんけい》だけは大事《だいじ》にしておかなければならない。給食《きゅうしょく》の時間だけでも学校へ行ってくれれば、それでもいい）母は内心、そのように思っていたのだった。

そこで、ふたたび学校に電話をいれた母は、担任《たんにん》の先生に、今までの事情《じじょう》をすべて話した。

翌日《よくじつ》から、美香《みか》は母につきそわれて、給食《きゅうしょく》の時間だけ登校《とうこう》することになった。だが、学校に足はむいたものの、登校《とうこう》のとちゅうでおなかがいたくなる。

一日目は、学校の校門にはいれずに引《ひ》き返《かえ》す。

二日目は、校門にはいったら、そこから先は足が進《すす》まない。

三日目は、教室の戸口の前まで行くが、どうしても、からだが固《かた》まってしまう。

一週間後、やっと教室に足をふみいれることができた。

「美香《みか》ちゃん、来られてよかったなあ」

ヤスエの快活《かいかつ》な声にうながされて、美香《みか》はやっと席《せき》につくことができた。

母は、給食《きゅうしょく》の時間がおわるまでろうかのすみで、そっと見守《みまも》っていてくれた。それから一か月ほど、ずっと美香《みか》につきそってくれた。母の根気強《こんきづよ》さに支《ささ》えられて、美香《みか》はふたたび元気よく、朝から学校へかよえるようになった。

二学期末《がっきまつ》にわたされた通知表《つうちひょう》『あゆみ』には、

「コツコツ努力《どりょく》するのですが、理解《りかい》するのに時間がかかります」

と書かれてあった。

三年生がおわりに近づいた、二月。

いつもはやさしい母が、口を固《かた》くキリッとむすび、しんこくな顔つきで美《み》香《か》をよびよせた。美香《みか》は、母の顔つきから、なにかただごとではない事情《じじょう》があることを察《さっ》した。

「じつは……、お父さんと、わかれようと思っているんや」

母は、美香《みか》の顔をのぞきこみ、悲《かな》しそうな声でいった。

「なんでや？」

美香《みか》はポツリとたずねた。

「ちょっと、事情《じじょう》があってなあ……。わけは、きかんといて……」

母は、それ以上《いじょう》のことはなにもいわなかった。

父母が離婚《りこん》することになった。美香《みか》と、もうすぐ幼稚園《ようちえん》を卒園《そつえん》する妹は、母が引《ひ》き取《と》ることになった。

三人は、今までの広い一軒家《いっけんや》から、六畳《ろくじょう》と四畳半《よじょうはん》の二部屋《へや》という、せまいアパートに引《ひ》っ越《こ》した。名前も「朋政美香《ともまさみか》」から、母方の姓《せい》、「岡本美香《おかもとみか》」に変《か》わった。母は、美香《みか》たちを養育《よういく》するために食品工場《しょくひんこうじょう》へはたらきにでることになった。

四年生のときは、美香《みか》は勉強《べんきょう》がわからないなりにも、一日も休むことなく学校へ行った。そして、学校から帰ってくると、三歳年下《さいとしした》の妹のめんどうをみるのが日課《にっか》となった。

妹をつれて友だちの家に遊《あそ》びに行ったり、二人で習字《しゅうじ》の塾《じゅく》へかよったりもした。

「美香《みか》が、妹のめんどうをみてくれるし、安心《あんしん》してはたらけるよ」

母は、申《もう》しわけなさそうに小声で美香《みか》に感謝《かんしゃ》した。

■ニックネームが「カメさん」に

五年生になった。担任《たんにん》の先生は、その年に大学を卒業《そつぎょう》したばかりの、新米

の遠藤《えんどう》ヒロシ先生だった。

「こまったことがあったら、ひとりでなやんではいけない。友だちや先生に、すぐ相談《そうだん》してほしい」

美香《みか》の目には、遠藤《えんどう》先生はまるでドラマからとびだしてきたカッコイイ俳《はい》優《ゆう》さんのようにうつった。

先生はクラスにはいってきて、最初《さいしょ》のあいさつで、

「近ごろ、いじめが問題《もんだい》になっているようだけど、相手《あいて》の心をきずつけるようなことは、絶対《ぜったい》にゆるさないからね」

と、キッパリいった。

クラスのなかには「先生、カッコつけてるよね」と、ささやく女子もいたが、美香《みか》には「たのもしい先生」のように感《かん》じられた。

一週間、十日……と、日がたつにつれて、児童《じどう》一人ひとりのことを思いや

ってくれていることが、遠藤《えんどう》先生のさまざまな言動《げんどう》から、理解《りかい》できるようになった。

遠藤《えんどう》先生は、美香《みか》が思った通りの熱血《ねっけつ》先生だった。授業中《じゅぎょうちゅう》はうでをまくり、表情《ひょうじょう》ゆたかに大声で説明《せつめい》する。クラブ活動《かつどう》には、まっ先に校庭《こうてい》にとびだしていき、あせを流《なが》す。

「二組はいいなあ」

ほかのクラスの子どもたちからも、うらやましがられるようになった。しかし、その一方で、遠藤《えんどう》先生をきらう女子もあらわれた。

ある女子が、美香《みか》のかたをたたいた。

「美香《みか》、先生を無視《むし》する会にはいらない？ ねぇ、約束《やくそく》して！」

美香《みか》は、一瞬返事《いっしゅんへんじ》につまった。(遠藤《えんどう》先生を、無視《むし》することなんかできない。でも、無視《むし》しなかったら自分が無視《むし》される。それがこわい。しかたな

い、無視《むし》するふりをしよう）
「わかった」
美香《みか》は、あたりをみまわしながら、ポツリとうなずいてしまった。だが、なにか悪《わる》いことをしたようで気分が重《おも》かった。（先生は、無視《むし》されていることを知っているのだろうか）
先生は、子どもたちの、かげの動《うご》きを知っているのか知らないのか、あいかわらずマイペースだ。
美香《みか》は、友だちとの交流《こうりゅう》が楽しく、学校を休むことはしなかったが、授業《じゅぎょう》がさっぱり理解《りかい》できない状態《じょうたい》が続《つづ》いていた。
時間だけが流《なが》れていく。毎回テストはほとんど書けず、白紙のまま提出《ていしゅつ》することが多かった。美香《みか》はテストのことを、母にはあまり話さなかった。母も子どものころ、あまり勉強《べんきょう》ができなかったことから、（美香《みか》は、勉強《べんきょう》が苦《にが》手《て》な子どもにすぎない。クラスには、勉強《べんきょう》のできる子も、できない子もいる）と思い、それほど気にとめてはいなかった。

しかし、美香《みか》の学習《がくしゅう》のおくれを心配《しんぱい》した遠藤《えんどう》先生は、放課後《ほうかご》に一対《たい》一で勉《べん》強《きょう》を教えてくれるようになった。それでも、美香《みか》の頭には、習《なら》ったことがまったくはいってこなかった。

美香《みか》は図工の時間が大好《だいす》きだった。先生から、「なんでも自由《じゆう》にかいていい」といわれたとき、美香《みか》は『森のなかをとびまわる、犬と小鳥の絵』を想《そう》像《ぞう》してかき、提出《ていしゅつ》した。

「岡本《おかもと》さんの絵には夢《ゆめ》がある。色づかいもいい」

遠藤《えんどう》先生が、美香《みか》の絵をみんなの前でほめてくれた。そのとき美香《みか》のむねがときめいた。絵をかくことは、小さいころから大好《だいす》きで、時間があると、友だちといっしょにマンガなどをかいていたのだ。だけど、授業《じゅぎょう》でかいた絵を、みんなの前でほめられたのは、はじめてだった。それだけにうれしかった。美香《みか》は、しだいに絵をかくことに自信《じしん》がついてきた。

児童《じどう》たちは、遠藤《えんどう》先生のしんけんなまなざしがわかってきたのだろうか。あの陰湿《いんしつ》な「先生を無視《むし》する会」の女子グループも、いつしか消《き》えてしまった。

翌年《よくとし》、五年二組は、担任《たんにん》も児童《じどう》もそのまま持《も》ちあがり、六年二組となった。

美香《みか》にとって、六年生の勉強《べんきょう》は完全《かんぜん》におてあげで、先生の説明《せつめい》する言葉《ことば》も意味《いみ》も、まったく理解《りかい》できない。

それでも、放課後《ほうかご》、先生はていねいに一対《たい》一の学習指導《がくしゅうしどう》を続《つづ》けてくれた。

「カメさん、私《わたし》たちが、ついているからね」

友だちも、美香《みか》のせなかをおしてくれた。

六年生になったとき、美香《みか》には「カメさん」というニックネームがつけられていた。勉強《べんきょう》の覚《おぼ》えがおそい、給食《きゅうしょく》を食べるのも、そうじをするのもおそい……すべてがおそかったからだ。

美香《みか》は、遠藤《えんどう》先生の熱心《ねっしん》な、あたたかい指導《しどう》のおかげで、特別学級《とくべつがっきゅう》へいくこともなく、仲良《なかよ》しの友だちに助《たす》けられながら通常学級《つうじょうがっきゅう》で学校生活をすごすことができた。しかし、学年相当《がくねんそうとう》の学習内容《がくしゅうないよう》を理解《りかい》できないという状態《じょうたい》は卒《そつ》業《ぎょう》するまで続《つづ》いた。

小学校の卒業式《そつぎょうしき》がせまってきた。

六年生に「小学校での思い出をまとめよう」という宿題《しゅくだい》がだされた。美香《みか》は、たどたどしい文章《ぶんしょう》でまとめあげた。

『私《わたし》はこの六年間、先生や、友だちのおかげで通常学級《つうじょうがっきゅう》ですごすことができました。勉強《べんきょう》がむずかしくて、ついていけなかったり、ときどき、予定《よてい》などもわすれてしまったりもしました。そんなときに、友だちが、そっと知らせてくれたり、手を引いてくれたおかげで、いっしょに進級《しんきゅう》することができました。

たくさんの友だちに「美香《みか》ちゃんはやさしいね」といってもらえてうれしかったです。』（原文のまま）

第2章　中学校時代《ちゅうがっこうじだい》

■つめたい視線《しせん》

美香《みか》は平成《へいせい》九年（一九九七）年四月、U市H中学校に入学した。

中学校の校門をくぐると、桜並木《さくらなみき》がむかえてくれた。

「美香《みか》ちゃん、いっしょのクラスになったよ」

「そう、よかった」

小学校六年生のとき、同じクラスだったタマミがかけよってきて、美香《みか》の両手《りょうて》をとると、うでを何度《なんど》も上下にふってとびはねた。

美香《みか》は、紺色《こんいろ》のセーラー服《ふく》、同色のスカートに身《み》をつつみ、エンジ色のタイをしめて校舎《こうしゃ》にむかった。教室に足をふみいれるとき、緊張《きんちょう》のあまりからだが固《かた》まり、せすじがピーンとのびた。なんだか、おとなの世界《せかい》にまいこんだような気分。小学生時代《しょうがくせいじだい》にあじわった、勉強面《べんきょうめん》の不安《ふあん》など、どこかに消《き》えていた。

H中学校は全校生徒約《ぜんこうせいとやく》千人という大規模校《だいきぼこう》で、一学年だけで九クラスもあった。美香《みか》は一年二組。六年生当時に同じクラスだった生徒《せいと》は、タマミのほかに、ユミもいた。

気心の知れた仲間《なかま》がいる、と思うだけでホッと気持《きも》ちがやすらいだ。

美香《みか》の中学校生活がはじまった。

全生徒《ぜんせいと》の家庭環境《かていかんきょう》、学力などについては、すでに、小学校からこまかな連《れん》絡《らく》が伝《つた》わっていたので、担任《たんにん》の稲葉《いなば》先生をはじめ、授業《じゅぎょう》のたびごとにいれかわる各教科《かくきょうか》の先生も、美香《みか》には、むずかしいしつもんで指名《しめい》することは少なかった。

美香《みか》は中学生になってからもあいかわらず、国語、数学、社会、理科、英《えい》語《ご》などの学習理解度《がくしゅうりかいど》は低《ひく》く、教科書《きょうかしょ》をただつくえの上にひらいたまま、授業《じゅぎょう》時間《じかん》をすごすことが多かった。先生に、ていねいにきめこまかく説明《せつめい》されても、それを理解《りかい》することができなかった。美香《みか》はだまってじっと耳をかたむけているだけ。友だちと同じにできるものといえば、音楽、体育《たいいく》、美術《びじゅつ》、家《か》庭《てい》、それにそうじ。

部活動《ぶかつどう》は、ソフトボール部《ぶ》に所属《しょぞく》した。幼《おさな》いころ、父とキャッチボールをした思い出がよみがえってきたことが、入部《にゅうぶ》のきっかけとなった。

一年生は、素振《すぶ》りと、筋力《きんりょく》トレーニングが日課《にっか》だった。

「ドンマイ、ドンマイ」

なによりも、先輩《せんぱい》にむかって、はげましの大声をだすことが気分よかった。それは同時に、自分自身《じぶんじしん》へのはげましでもあったのだ。

教室での勉強《べんきょう》は、タマミやユミがなにかと助《たす》けてくれた。それがなによりの救《すく》いだった。そのおかげで、まだ、美香《みか》には居場所《いばしょ》があり、楽しくすごすことができた。

「でも、授業《じゅぎょう》は、たいくつやなあ」

先生が、黒板《こくばん》に書く文章《ぶんしょう》や、数学の記号《きごう》などはまったく理解《りかい》できなかった。ときおり先生から、やさしい問題《もんだい》を問《と》いかけられることもあったが、立ちあがってもおろおろするばかり。しつもんに答えることなどできない。頭のなかはまっ白。なにしろ、問題《もんだい》の意味《いみ》さえつかめていなかったからだ。なかでも英語《えいご》は、きいたことが片方《かたほう》の耳から、もう片方《かたほう》の耳へとにげていってしまう。美香《みか》の心には、勉強《べんきょう》ができない不安《ふあん》がつきまとっていた。先生の説《せつ》明《めい》する意味《いみ》がわからなくなると、まどぎわの席《せき》から校庭《こうてい》や、遠くの山なみをながめたり、ノートに絵をかいたりしていることもあった。

「せめて、できることだけは、がんばろう」

と、自分にいいきかせ、音楽、美術《びじゅつ》、体育《たいいく》は、せいいっぱい力をふりしぼった。

ところが、一学期《がっき》がおわるころには、

「岡本《おかもと》は、アホとちがうんか……」

と、美香《みか》をあざ笑《わら》い、遠ざかっていく生徒《せいと》があらわれはじめた。

秋、合唱《がっしょう》コンクールが近づいてきた。美香《みか》はみんなとならんで、合唱《がっしょう》するのが大好《だいす》きだった。一人ひとりの歌声がとけあい、深《ふか》みのあるハーモニーとなる。美香《みか》は（自分もその一員《いちいん》なのだ）と思うだけで、むねが高鳴った。

「クラスのみんなと団結《だんけつ》して優勝《ゆうしょう》したい！」

美香《みか》は、そう思った。

クラスの合唱曲《がっしょうきょく》は「空駆《そらか》ける天馬《てんま》」にきまった。ところが、美香《みか》たちのパートになると、後列《こうれつ》にいる男子たちがクスクスと笑《わら》いだすのだ。

「なんで、笑《わら》うんやろう。私《わたし》の声が大きいからかな、それとも、男子がふざけているのかな……」

また、美香《みか》たちのパートにまわってきたときだった。

「♪　アンドロメダを西南に　スワンの星座《せいざ》を東南の……」

と、声をだすと、みんながさらに大きな声で笑《わら》いだす。またたくまに笑《わら》いの輪《わ》は広がっていく。

美香《みか》は、笑《わら》いのうずにむかってふり返《かえ》った。すると、つめたい視線《しせん》が、美《み》香《か》にむかっていっせいにシャワーのようにあびせかけられた。まるでガラスがひびわれるように、心がバラバラになっていくのを感《かん》じた。仲間《なかま》の顔が、ピンボケした写真《しゃしん》のようにゆがんでみえてきた。

それが、美香《みか》に対《たい》するいじめのはじまりだった。

美香《みか》は「コンクールで優勝《ゆうしょう》したい」という、いちずな思いで、大きな声をはりあげていた。あまりにもはりきりすぎてしまった。大声をだしたのでめだち、うきあがった存在《そんざい》になってしまったのだ。

練習《れんしゅう》がおわってからも、教室で男子たちから、「スワンの……」と、美香《みか》のうたい方をまねされ、ひやかされ続《つづ》けた。(まじめに、うたっているのに、笑《わら》うなんて……)

教室にもどった美香《みか》は、くやしさのあまりつくえになきふしてしまった。

■仲間外《なかまはず》れの「スワン」

美香《みか》に対《たい》するいじめは、目にみえてはげしくなってきた。

「私《わたし》はダサイから、にらまれている」

美香《みか》は、あたりのつめたい空気《くうき》を、はだでかすかに感《かん》じとってはいたものの、動揺《どうよう》を顔にださず、きこえないふりをしていた。

今は完全《かんぜん》に孤立状態《こりつじょうたい》。つらかった。

生徒《せいと》のたまり場である女子トイレでは、いつもだれかが、必《かなら》ずといっていいほど悪口《わるぐち》をいいあっている。

小学生時代《しょうがくせいじだい》と同じように、トイレに行くことがおそろしくなってきた。今《こん》度《ど》はそら耳ではなく、本当に美香《みか》の悪口《わるぐち》をいわれていたからだ。（私《わたし》が、この人たちに、なにかいやがることをしたのだろうか。してはいけないことをしたのだろうか）美香《みか》の心は、日ましにしぼんでいく。

合唱《がっしょう》コンクールの練習《れんしゅう》がはじまったころから、美香《みか》には「スワン」という、あだながつけられるようになった。

「♪　スワンの星座《せいざ》を東南の……」

美香《みか》が「スワン」と大声をはりあげたからだけではない。アンデルセン童《どう》話《わ》の「みにくいアヒルの子が、やがて白鳥になる話」をもじって、「スワン」とつけられたのだ。まるで、仲間外《なかまはず》れを象徴《しょうちょう》しているようだ。また、美香《みか》の体型《たいけい》をからかった言葉《ことば》でもあった。

「私《わたし》は、ぽっちゃり体型《たいけい》だけど、スワンは、あまりにもひどい」

美香《みか》は、ショックをうけた。中学一年生の美香《みか》の身長《しんちょう》は一五三センチ。体《たい》重《じゅう》は六〇キロだった。

「気にしんときや……」

ときおり、タマミやユミが、美香《みか》の耳もとでそっとささやいてくれた。それがなによりの救《すく》いでもあった。

校内合唱《こうないがっしょう》コンクールがおわると、がんばる目標《もくひょう》の糸がプツンと切れてしまった。いつしか、美香《みか》の心には、やる気の失《う》せた空洞《くうどう》ができていた。

男子のなかでボスとよばれているタカシが、ぬれたぞうきんにチョークの粉《こな》をふりかけ、教室の背面黒板《はいめんこくばん》に、大きな字で『スワン』と書いた。タカシの行動《こうどう》を、クラスのだれもとめようとはしなかった。数人の男子は、クスクス笑《わら》っているだけだ。逆《ぎゃく》にタカシにいじめられることをこわがっているのだろうか。

　先生が教室にはいってきて、ふと立ちどまり黒板《こくばん》の文字にまゆをしかめた。

「だれだ、あんなことを書いたのは！　早く消《け》しなさい！」

　先生は、大声をはりあげた。だが、それはいたずら書きをしかっただけで、美香《みか》のことをかばってくれたわけではなかった。数人の男子が口もとをふくらませ、しぶしぶ消《け》しはじめたが、水にぬれたチョークの文字はいつまでも消えずに残《のこ》っていた。

　授業中《じゅぎょうちゅう》にも、美香《みか》への攻撃《こうげき》は続《つづ》く。

　生徒《せいと》の間で「いたずらメモ」が回されている。クスクスと笑《わら》い声《ごえ》がさざなみのようにおしよせてくる。メモは、最後《さいご》にそっと美香《みか》のつくえに置《お》かれる。

『スワンのジャージは、ブーカブカ』

　美香《みか》は、メモをまるめて、こぶしでにぎりつぶした。そのうちに手がふるえ、鳥はだが立ってきた。くやしかったが、なくになけなかった。

美香《みか》はクラスの仲間《なかま》が大好《だいす》きだった。（みんなは、なぜ私《わたし》をきらうのだろうか。ただ、大きな声でうたっただけなのに……。勉強《べんきょう》ができない、いや、わからないだけなのに……）

美香《みか》に対《たい》するいじめは、しだいに陰湿《いんしつ》さをましてきた。

ある日の英語《えいご》の時間。英語《えいご》のまとめのしつもんのときに、ある男子生徒《だんしせいと》がにやにやしながら手をあげた。

「先生、スワンって、どんな意味《いみ》ですか？」

英語《えいご》の先生は、まじめな顔で答えた。

「スワンとは、白鳥のことや」

すると、教室中が爆笑《ばくしょう》した。

「スワンって、白鳥のことやで」

あざけるような女子の声が、うしろの方から美香《みか》の耳につきささってきた。

美香《みか》はじっとうつむいたままだった。

それからというもの、美香《みか》は、先生の一語一句《いちごいっく》までが気になりだしてきた。

教室そうじのときのこと、美香《みか》は、ほうきを手にしてゆかをはいていた。

そうじの時間なのに、何人かのクラスメートは、ふざけたり、ロッカーにのぼって遊《あそ》んでいる。それでも、先生は注意《ちゅうい》をしなかった。

「岡本《おかもと》さんがいるから、たすかるわ」

先生はポツリといった。美香《みか》は、その言葉《ことば》にも、むなしさを感《かん》じた。（本当は、先生に助《たす》けてもらいたいのに。最近《さいきん》は、いじめが目にみえてわかっているはずなのに……。つらいよ）

体育《たいいく》の時間も、バレーボールや、バスケットボールの授業《じゅぎょう》になると、だれも美香《みか》とは組んでくれなかった。そんなとき、美香《みか》はただぼうぜんと立ちすくんでいる。

　それをみた体育《たいいく》の先生は、

「ほら、そこの生徒《せいと》、三人グループにならんと、ひとり岡本《おかもと》さんについてあげて」

　美香《みか》は、先生の「ついてあげて」の言葉《ことば》にも引っかかるものを感《かん》じた。（先生は、どうして三人の生徒《せいと》に、もっとはっきりいってくれないのだろうか。私には助《たす》けてくれる人は、だれもいないのだ）

　美香《みか》はいつもひとりぼっちだった。給食《きゅうしょく》をいっしょに食べてくれる生徒《せいと》もいなかった。いっしょに食べると、いじめの標的《ひょうてき》にされてしまうのをおそれていたからにちがいない。

　美香《みか》の心は毎日ゆれていた。

　ある日、『中学生いじめられて自殺《じさつ》』という新聞の大きな見出しが目にとびこんできた。（あの世《よ》に行けば、いじめにもあわない。らくになるのかしら）ふと、そんな思いが頭をよぎった。脳裏《のうり》に自殺《じさつ》の文字がうずまいた。美《み》香《か》の視線《しせん》は、新聞の見出しから、前書き、本文へとそそがれていった。

それから、美香《みか》は手鏡《てかがみ》をじっとのぞきこむ。前髪《まえがみ》が目にかぶさっている。友だちに顔をみられたくなくて、二学期《がっき》になってから、ずっと前髪《まえがみ》を切っていなかった。（まるで掛《か》け軸《じく》でみたゆうれいのようだ）と思う。みているうちに自分自身《じぶんじしん》がおそろしくなった。

（……でも）美香《みか》は目をとじる。しばらく考えて、天井《てんじょう》を見上げ、ため息《いき》をつく。（もし、私《わたし》が自殺《じさつ》してしまったら、自分をいじめた友だちにしかえしができなくなる。相手《あいて》を見返《みかえ》すためにも生きなければ……）自殺《じさつ》なんて無意《むい》味《み》だと思った。鏡《かがみ》にうつった自分の顔にむかってさけんだ。

「私《わたし》は、いじめた人間よりも、もっと幸《しあわ》せになって見返《みかえ》してやるんだ。私は、みにくいアヒルの子。ぶさいくで、でぶな女の子。だけど、いつか本物《ほんもの》のスワンになってみせる」

そう思うと、どこか気《き》持《も》ちが軽《かる》くなった。美香《みか》は、そっと手《て》鏡《かがみ》を引き出しにしまった。

■母のはげまし

寒風《かんぷう》をうけて赤ちょうちんがゆれている。

街《まち》なかのせまい通りの焼《や》き鳥屋《とりや》から流《なが》れてくる煙《けむり》が、美香《みか》の鼻《はな》をくすぐった。

「年のくれだから、みんなで焼《や》き鳥《とり》でも食べようか?」

母が声をかけてくれた。家族《かぞく》三人は、そろって焼《や》き鳥屋《とりや》ののれんをくぐった。

美香《みか》も妹も、焼《や》き鳥《とり》が大好物《だいこうぶつ》。三人は油《あぶら》がじっとりとしみこんで黒ずんでいるテーブルをかこんだ。母はメニューを引きよせると、

「タンに、ハツに、ネギマ……」

と、一気に注文《ちゅうもん》をはじめた。

久《ひさ》しぶりの家族《かぞく》そろっての外食だ。食べて、笑《わら》って、楽しんだ。美香《みか》はおなかいっぱい焼《や》き鳥《とり》を食べた。

その夜の帰り道。

「お母さん、私もう学校へ行けへん。いや、行きたくない。もう限界《げんかい》や」

「どうしてや?」

「だって、授業《じゅぎょう》はさっぱりわからへんし……。クラスメートからはいじめられるし……」

美香《みか》のつらい思いが言葉《ことば》になり、つめたい夜風にのって流《なが》れていく。

「でも、仲《なか》のいい友だちも、いるんやろう」

母は、美香《みか》がまた小学生のときのように不登校《ふとうこう》になることを心配《しんぱい》した。それでなくても、学習面《がくしゅうめん》でおくれている。せめて、友だちとだけでもふれあってもらいたい、とねがっていたからだ。だが、一方で美香《みか》が、ときどき学校でのできごとをつらそうに話すことも気になっていた。

母の頭に、美香《みか》がこぼしていた言葉《ことば》がうかんできた。

——あんなごみだらけの教室で、まじめに勉強《べんきょう》している子がかわいそうやわ。

——お母さん、一度《ど》学校までみにきてぇさぁ。

——いじめられても、親にも、先生にもいえへん。いったら、よけいにいじめられる。

――今は、お弁当《べんとう》もひとりで食べている。

そのときは、美香《みか》の言葉《ことば》をきいても、どうしてやることもできず、母としても、ひとりなやんでいたのだ。

母は、それまでも相談《そうだん》のために、何度《なんど》か学校に足をはこんでいた。そのたびごとに、美香《みか》がぼやいていた通りの学校の現実《げんじつ》を目《ま》のあたりにしたのだった。学校全体《がっこうぜんたい》があれているようにみえた。

母は、美香《みか》へのいじめの解決《かいけつ》はむずかしいだろうと思った。

その夜。美香《みか》は、音楽会の練習中《れんしゅうちゅう》でのこと、スワンと書かれたこと、体育《たいいく》のとき仲間外《なかまはず》れにされたことなど、学校内でのできごとのすべてを悲《かな》しそうに母に一気にはきだしたのだった。

母はしばらく考えていたが、

「わかった……。そんな、つらい思いをしてたんか。お母さん、気いつかんで、悪《わる》かったなあ」

母の言葉《ことば》が心のおくにしみこんでいった。美香《みか》は母のかたにもたれかかった。つめたい北風がコートをつつんでいた。

「それなら、学校に行かんでもいいよ。三学期《がっき》になったら、お母さんが、連《れん》絡《らく》しておくから」

母は、やさしい声でいった。

「学校のことは気にせんと、ぐっすり寝《ね》えや」

母は、(学校へ行っても、今は解決《かいけつ》できないだろう。来年は、PTAの役《やく》員《いん》として子どもたちによりそい、自分たちの手で見守ってやろう)と思ったのだった。

冬休みがおわり、美香《みか》は三学期《がっき》から、ふたたび登校拒否《とうこうきょひ》をはじめた。

二月の初《はじ》めに、担任《たんにん》の先生から、

「今後の美香《みか》さんのことについて相談《そうだん》したいから、学校へ来てください」

と、連絡《れんらく》がはいった。

生徒《せいと》たちが下校したあと、美香《みか》は母といっしょに学校へむかった。そこで、

「二年生から、どうするか?」

という、話しあいがおこなわれた。美香《みか》が、学習面《がくしゅうめん》でおくれていることは、先生もよく承知《しょうち》していた。

しかし、先生は、美香《みか》が校内で無視《むし》されたり、陰湿《いんしつ》ないじめをうけていたことについては、知らなかったという。

(先生たちは、本当に、いじめのことを知らなかったのだろうか。音楽会のせせら笑《わら》い、黒板《こくばん》に書かれたスワンというあだな、体育《たいいく》の時間の仲間外《なかまはず》れ、

みんなみえているはずなのに……）

先生の言葉《ことば》に、美香《みか》はむなしさを感《かん》じた。

「岡本《おかもと》さんには、通常学級以外《つうじょうがっきゅういがい》の教室がいいと思いますが……」

先生方の判断《はんだん》で、美香《みか》は特別学級《とくべつがっきゅう》への編入《へんにゅう》をすすめられた。H中学校には、通常学級《つうじょうがっきゅう》のほかに、相談室《そうだんしつ》の教室と障害児学級《しょうがいじがっきゅう》（現在《げんざい》は支援学級《しえんがっきゅう》）があった。

それをきいた母がまよった。（美香《みか》は、たしかに勉強《べんきょう》ができない。でも、主要科目以外《しゅようかもくいがい》はなんとかついていける。それに、やっと仲良《なかよ》くなれた友だちともわかれてしまうし）

翌日《よくじつ》、先生の助言《じょげん》をうけて、母は美香《みか》をつれて、相談室《そうだんしつ》の教室と障害児学《しょうがいじがっ》級《きゅう》を見学するために、ふたたび中学校へむかった。

まず、校舎《こうしゃ》のうらにわの一角に、プレハブで建《た》てられている相談室《そうだんしつ》の教室へむかった。ここは、通常学級《つうじょうがっきゅう》でなじむことのできない生徒《せいと》たちが登校《とうこう》してきて、自主的《じしゅてき》に教科書や参考書《さんこうしょ》をひらいて勉強《べんきょう》するところ。とくに、不登校《ふとうこう》になりそうな生徒《せいと》たちがやってきて、それぞれ先生にしつもんしながら一日をすごしているという。人の目を気にしなくてすむように、登下校《とうげこう》の時間もずらしているのだった。

「でも、みんな頭がよさそうやわ、数学のむずかしい問題《もんだい》をといているもん」

教科の内容《ないよう》や、勉強《べんきょう》の方法もわからない美香《みか》は、とても自分には適《てき》さない教室だ、と感《かん》じた。

もうひとつは、障害児学級《しょうがいじがっきゅう》。学校では『A組』とよんでいる。二人の女性《じょせい》の先生が、四人の生徒《せいと》を教えていた。やさしいたし算、お絵かき、絵本の読《よ》み取《と》り……。生徒《せいと》たちは楽しそうに学んでいる。目もかがやいていた。美香《みか》は、教室のうしろで授業《じゅぎょう》を見学した。自然《しぜん》と笑《え》みがうかんできたのが自分でもわかった。

授業《じゅぎょう》がおわると、美香《みか》を気にして、チラチラと視線《しせん》をそそいでいたスポーツがりの男子生徒《だんしせいと》が声をかけてきた。

「ねえ、ゲームでサッカーしようよ」

すると、となりの男子生徒《だんしせいと》が、美香《みか》のうでを強く引っぱった。

「おもしろいよ、いっしょにやろう」

美香《みか》は、手を引かれるままついていった。

「私を、仲間《なかま》にいれてくれるの？」

美香《みか》はまるいすにこしをおろした。生徒《せいと》たちが、卓上《たくじょう》サッカーゲームのやり方を教えてくれた。母は、教室のかたすみに、だまって立っていた。先生は、美香《みか》が見学に来ることを事前《じぜん》に知らされていたので、なにもいわずに、生徒《せいと》の行動《こうどう》を見守《みまも》っているだけだった。

美香《みか》は、中学二年生からは、障害児学級《しょうがいじがっきゅう》A組に編入《へんにゅう》することを、その日のうちにきめたのだった。

■障害児学級《しょうがいじがっきゅう》では学級委員《がっきゅういいん》に

「岡本美香《おかもとみか》です。よろしくおねがいします」

一年生のときと同じ学校で、同じ制服《せいふく》を身《み》につけているのに、なぜか新しい学校に転校《てんこう》したような気分だった。

障害児学級《しょうがいじがっきゅう》はA組とよばれた。女性《じょせい》の先生が二人。生徒《せいと》は一年生が二人、二年生が美香《みか》をふくめて三人、三年生が一人で、全員《ぜんいん》で六人。そのうち女生《じょせい》徒《と》は美香《みか》と、一年生のサトコだけだった。

美香《みか》は編入早々《へんにゅうそうそう》の話しあいの結果《けっか》、学級委員《がっきゅういいん》に選《えら》ばれた。

Ａ組の大半の生徒《せいと》が、知的障害《ちてきしょうがい》をかかえていた。五人の仲間《なかま》たちは、美香《みか》の編入《へんにゅう》を喜《よろこ》んでむかえてくれた。

「朝の会は、みんなで歌をうたうんやで」

「お花には、毎日お水をあげんねん」

「そうじの場所《ばしょ》は、教室と昇降口《しょうこうぐち》やで」

美香《みか》がたずねる前に、みんなが親切に教えてくれた。

仲間《なかま》とのかかわり方が、今までとは、まったくちがっていた。そぼくで、純真《じゅんしん》で、人なつっこくて、まるで兄妹のようだった。

だが障害児学級《しょうがいじがっきゅう》にはいって、とまどうこともたくさんあった。（ふつうに話しかけても、いいんだろうか？）美香《みか》は、言葉《ことば》につまることがたびたびあった。

Ａ組には、給食《きゅうしょく》をポロポロとこぼす生徒《せいと》もいた。日常生活《にちじょうせいかつ》で手助《てだす》けが必要《ひつよう》な生徒《せいと》もいた。

美香《みか》は、学習面《がくしゅうめん》ではおとっているかもしれないが、日常生活《にちじょうせいかつ》のさまざまな行動《こうどう》が、自分自身《じぶんじしん》の力でできることに、ささやかな喜《よろこ》びを感《かん》じた。

Ａ組は、それぞれの時間ごとにＡ一組、Ａ二組にわかれて授業《じゅぎょう》をうけることになっていた。必修教科《ひっしゅうきょうか》の国語、数学などは内容《ないよう》、知能《ちのう》、興味度《きょうみど》などによって、授業《じゅぎょう》のたびごとに、一、二の組がえをされるのだ。

国語は、絵本を読んだり、ノートに字を大きく書いたりすることが多かった。

英語《えいご》は、全員《ぜんいん》そろって、発音《はつおん》の練習《れんしゅう》。

「ブック、ブック」

「ドッグ、ドッグ」

六人の生徒《せいと》たちの大きな声が、風にのってまわりの教室にもひびきわたる。

「ブックは本や、ドックは犬やで」

「はーい」

生徒《せいと》たちは大きな声で答えるのだった。

美術《びじゅつ》、音楽は全員《ぜんいん》まとまっての授業《じゅぎょう》。

「岡本《おかもと》さんは、絵がじょうずやわ。それだけではない、大胆《だいたん》な発想《はっそう》がいいわ。絵の才能《さいのう》があるんやね」

北山アヤカ先生が、みんなの前で美香《みか》のかいた風景画《ふうけいが》をほめてくれた。A組では、ほめられた人をねたむ人がいない。ひとりがほめられると、みんなが拍手《はくしゅ》をして笑顔《えがお》をむけてくれる。

ここでは、時間がゆったりと流《なが》れていた。

ひと月ほどたつと、美香《みか》はA組にすっかりなれてしまった。なによりも、勉強《べんきょう》がわかることがうれしかった。

数学の時間は、小学校の算数の教科書をひらき、「九九算の復習《ふくしゅう》」「分数の計算」「図形の面積《めんせき》の計算のしかた」など、小学三年生までもどり、理解《りかい》できるまで教えてくれる。

しかし、翌日《よくじつ》になると、美香《みか》の頭から、昨日《きのう》教わった算数の公式《こうしき》は、すっかり消《き》えていた。すると先生は、また同じことをくり返《かえ》し、かみくだくようにていねいに教えてくれる。小学生時代《しょうがくせいじだい》のように、仲間《なかま》から「昨日《きのう》のことをわすれたんかいな」などと、いやみをいわれることはなかった。

この教室では、相手《あいて》をばかにした言葉《ことば》を口にする生徒《せいと》はいない。だから、美香《みか》は安心《あんしん》して、なんどでも先生にしつもんできた。五回、六回……と、説明《せつめい》をきくうちに、いつのまにか「図形の公式《こうしき》」が頭のかべにはりついてくる。

「岡本《おかもと》さん、覚《おぼ》えが早いわ」

小学校の三年生の問題《もんだい》だ。通常《つうじょう》なら、覚《おぼ》えられて当然《とうぜん》なのだが、それが今まで理解《りかい》できなかったのだ。算数の問題《もんだい》がとけて、ほめられたのもはじめてだった。

「勉強《べんきょう》って、なんて、楽しいんだろう」

美香《みか》にとって、何年ぶりかの感触《かんしょく》だった。授業《じゅぎょう》につまずいて、ころび、また立ちあがって、ころぶ……。そのまま、だらだらとすごしてきてしまった。今、そのできなかった部分《ぶぶん》を、じっくりとくり返《かえ》し教えてもらうことによって、少しは理解《りかい》できるようになった。

郵便はがき

料金受取人払郵便

小石川支店承認

8004

差出有効期限
平成26年9月
30日まで

郵便切手はいりません

112-8790

107

東京都文京区
目白台2-14-13

株式会社 アリス館

編集部 行

あなたの 〒 ―
ご住所

お電話番号 （ ）

ご職業
1．学生 2．会社員 3．公務員 4．教員 5．自由業
6．自営業 7．主婦 8．アルバイト 9．無職 10．その他（ ）

今後、弊社からの情報をお送りしてよろしいですか？ □はい □いいえ

※ご記入いただいたお名前・県名・年齢・ご職業・ご感想などの個人情報を、弊社宣伝物、ホームページで利用させていただくことがあります。

1128790 18

ご感想をお寄せください

あなたのお名前　　　　　　　　　　　　　　　　（　　　）さい

お子さまのお名前　　　　　　　　　　　　　　　（　　　）さい

メールアドレス

この本の名前

この本を何でお知りになられましたか？

1.書店で(店名　　　　　　　)　2.広告で　3.書評で　4.インターネットで

5.人にすすめられて　6.プレゼント　7.その他(　　　　　　　)

■楽しい毎日、そして卒業《そつぎょう》

障害児学級《しょうがいじがっきゅう》には、教科授業《きょうかじゅぎょう》のほかにたくさんの体験行事《たいけんぎょうじ》があった。また、他校《たこう》の障害児学級《しょうがいじがっきゅう》の生徒《せいと》や、養護学校《ようごがっこう》の生徒《せいと》たちとの交流会《こうりゅうかい》などもおこなわれた。

二年生の秋には、U市にある障害児学級《しょうがいじがっきゅう》が集《あつ》まっておこなわれる、大自然《だいしぜん》のなかでの一泊合宿《いっぱくがっしゅく》があった。美香《みか》は、障害児学級《しょうがいじがっきゅう》のなかではこまかいことに気のつく生徒《せいと》だった。みんなの先頭に立って火のおこし方、ごはんのたき方、カレーライスづくりなどを教えたりもしたのだ。

「岡本《おかもと》さんは、料理《りょうり》の先生にならはったらいいわあ」

北山先生は、美香《みか》の手ぎわよい動《うご》きをほめてくれた。

夜はキャンプファイヤー。白い布《ぬの》をかぶった精霊《せいれい》たちが、たいまつを手にしておごそかにあらわれ、たきぎに火をともす。やがて、まっ赤なほのおは天にむかって燃《も》え広がっていく。

美香《みか》は燃《も》えさかるほのおをじっとみすえる。まっ赤なほのおがまぶしかった。今までの学校生活で「いじめ・無視《むし》・かげ口」などをうけたいやな思い出が、美香《みか》のむねのおくからぬけだし、ほのおにくるまれながら、天上に消《き》えていくように感《かん》じた。すべてをわすれられるような気がした。

キャンプファイヤーのほのおをかこんでのおどり「マイムマイム」。はしゃぎながらおどる仲間《なかま》たちの表情《ひょうじょう》をみつめていると、美香《みか》の目に、うっすらとなみだがにじんできた。

中学二年生の合唱《がっしょう》コンクールには、A組の一員《いちいん》として出場した。

去年《きょねん》、通常学級《つうじょうがっきゅう》の仲間《なかま》にひやかされた、あの悪夢《あくむ》は、もうどこかに消《き》えさっていた。美香《みか》の目には、通常学級《つうじょうがっきゅう》の大勢《おおぜい》の生徒《せいと》たちの顔が、わずか六人のA組の生徒《せいと》たちのいせいのよい合唱《がっしょう》にのまれているようにうつった。

美香《みか》にとって、A組はがんばれる場所《ばしょ》だった。いつしか、居心地《いごこち》のよい場《ば》所《しょ》にもなっていた。生徒《せいと》たちは、授業内容《じゅぎょうないよう》が、思うように理解《りかい》できなくても、しんけんに意欲的《いよくてき》に取《と》り組《く》んでいた。

音楽の時間に、いくら大きな声でうたっても、笑《わら》われることもなかった。

「元気にうたえたね」

先生は一曲《きょく》ごとに、生徒《せいと》をはげましてくれた。

ただ美香《みか》は、楽器《がっき》だけが苦手《にがて》だった。小学生時代《しょうがくせいじだい》からリコーダーや、鍵盤《けんばん》ハーモニカ（ピアニカ）をふいたりはしていたが、どうしても好《す》きになれなかった。

ピアノ、キーボード、ギター、ドラム、木琴《もっきん》、トライアングルなどが、いっせいに演奏《えんそう》をはじめると、それはまるで、ガラスや、皿《さら》や、黒板《こくばん》をつめでひっかいたときのような、「キィーッ」という音にきこえる。それが、脳《のう》のおくにつきささってくるように感《かん》じられるのだ。そのたびに身《み》ぶるいがおこった。美香《みか》にとって楽器《がっき》の音は、騒音《そうおん》にきこえるのだった。

障害児学級《しょうがいじがっきゅう》の生徒《せいと》はみんな、それぞれに苦手《にがて》なものをかかえていた。それを、おたがいが支《ささ》えあい、カバーしあいながらゆっくりとあゆんでいるのだ。

PTAの役員《やくいん》になった母は、ときおり学校へやって来ては、授業《じゅぎょう》をのぞいていった。（美香《みか》が、障害児学級《しょうがいじがっきゅう》で仲間《なかま》にしたわれている。表情《ひょうじょう》も明るくなり、のびのびと学習《がくしゅう》している。これで、よかったのかもしれない）母は、内心ホッとしていた。

中学一年生のとき、美香《みか》の前髪《まえがみ》は、目からほおにかかるほどのびていた。(だれの顔もみたくない。だれからもみられたくない。だれにも会いたくない)いつしか、美香《みか》の前髪《まえがみ》は細いすだれのように顔をおおいかくし、心のシャッターをとざしていた。しかし、障害児学級《しょうがいじがっきゅう》に編入《へんにゅう》してから半年ほどたつと、前髪《まえがみ》も短《みじか》くなり、髪形《かみがた》をととのえて、おしゃれを楽しむようにまでなってきた。

中学三年生になった。

美香《みか》がいきいきと、授業《じゅぎょう》や行事《ぎょうじ》に取《と》り組《く》んでいるすがたをみていたのだろうか。それまで、通常学級《つうじょうがっきゅう》で勉強《べんきょう》のおくれていた生徒《せいと》たちが、数名、障害児《しょうがいじ》学級《がっきゅう》に編入《へんにゅう》してきた。新一年生も四人入学してきて、障害児学級《しょうがいじがっきゅう》はそれまでの六人から、一気に十一人にふえた。

三年生になっても美香《みか》は、学級委員《がっきゅういいん》に選《えら》ばれ、仲間《なかま》の先頭に立って世話《せわ》をすることになった。

授業《じゅぎょう》は二年生当時より多少は進《すす》んだが、それでも「数学の時間」は小学校四年生程度《ていど》の計算問題《けいさんもんだい》をとくのが、なんとかできるというレベルだった。

二学期《がっき》になると、卒業後《そつぎょうご》の進路《しんろ》について考えなければならなくなった。

「就職《しゅうしょく》か、進学《しんがく》か？」

二学期《がっき》のあいだ美香《みか》はなやんだ。九年間の義務教育《ぎむきょういく》は修了《しゅうりょう》する。はたらいている母に、これ以上心配《いじょうしんぱい》をかけたくない。だからといって、自分には、まだはたらくだけの能力《のうりょく》はそなわっていないし、その自信《じしん》もない。自分自身《じぶんじしん》でも、今後の生き方がわからなくなっていた。

「お母さんがいっしょうけんめいにはたらいているのに、私《わたし》だけ学校に行ったりできひん」

進路《しんろ》の話がとびだすたびに、美香《みか》は同じ言葉《ことば》をくり返《かえ》した。

「お母さんのことは、心配《しんぱい》せんでもいい。進路《しんろ》については、美香《みか》の思いどおりにきめたらいいよ」

母は首をふり、しばらく間をおいてから続《つづ》けた。

「お母さんは、美香《みか》に、たくさんのお友だちと仲良《なかよ》くなってもらいたいと思っているんや。小学校や、中学校でおくれた分を取《と》りもどすのは、これからだと思う。勉強《べんきょう》に力をいれてほしい。それは自分のためでもあるんや。力をつければ人生が楽しくなるやろう。視野《しや》を広めれば、仕事《しごと》も選《えら》べる。もし、英語《えいご》が話せたら、外国の人ともお友だちになれる。高校へ行けるものなら進《しん》学《がく》してほしいとねがってる」

母は、高等学校《こうとうがっこう》へ進学《しんがく》する方向《ほうこう》で、先生に相談《そうだん》してきたらいいのではないかといってくれた。

進路先決定《しんろさきけってい》の日が間近にせまってきた。

北山先生は美香《みか》に、「京都府《きょうとふ》J養護学校《ようごがっこう》」のパンフレットをさしだし、学校の内容《ないよう》などについて、くわしく説明《せつめい》をしてくれた。

「ここからは、ちょっと遠いけれど、この学校が、岡本《おかもと》さんには、一番適《てき》していると思うなあ」

と、パンフレットをひらきながら、すすめてくれた。


『1　中学校を卒業《そつぎょう》した自主通学可能《じしゅつうがくかのう》な軽度《けいど》の知的障害生徒《ちてきしょうがいせいと》を対象《たいしょう》に教育《きょういく》をおこなっています。
2　自立と社会参加《しゃかいさんか》を目ざしています。
・基礎学力《きそがくりょく》の伸長《しんちょう》をはかります。

・強健《きょうけん》な体力と精神力《せいしんりょく》をやしないます。
・自主的《じしゅてき》な意欲《いよく》・態度《たいど》をやしないます。
・コミュニケーション力を高め、豊《ゆた》かな人格《じんかく》を育《そだ》てます。
・職業人《しょくぎょうじん》・社会人・家庭人《かていじん》としての基礎的《きそてき》な資質《ししつ》・能力《のうりょく》を高めます。』

先生は、パンフレットに書かれているむずかしい語句《ごく》を、やさしく解説《かいせつ》してくれた。さらに、

「養護学校《ようごがっこう》では、それぞれの生徒《せいと》の学習進度《がくしゅうしんど》にあわせて授業《じゅぎょう》をおこなってくれるそうだよ」

とも助言《じょげん》してくれた。

その三日後、美香《みか》は母といっしょに、J養護学校高等部《ようごがっこうこうとうぶ》を見学に行った。

(私《わたし》はふつうの友だちともちがうし、そうかといって重《おも》い障害《しょうがい》をかかえた友だちとも、どこかちょっとちがうような気がする。本当に、養護学校《ようごがっこう》へ進《すす》むべきなんやろうか？　そこに、私《わたし》の居場所《いばしょ》はあるんやろうか？)

養護学校《ようごがっこう》へむかうとちゅうでも美香《みか》の心は、まだゆれていた。

母も内心では、美香《みか》の養護学校《ようごがっこう》への進学《しんがく》に多少の抵抗《ていこう》を感《かん》じていた。それに世間体《せけんてい》とか、小さなプライドも心のかたすみに残《のこ》っていて複雑《ふくざつ》な心境《しんきょう》になっていたのだ。(まさか、うちの子が、養護学校《ようごがっこう》へ行くとは、思ってもいなかった。でも、美香《みか》が本気で学校へかようというなら、おうえんしてあげよう)

Ｊ養護学校高等部《ようごがっこうこうとうぶ》の先生の説明《せつめい》をききながら、校内見学をおえたとき、美《み》香《か》は、学校のふんいきが、なんとなく自分になじんでいる、と感《かん》じとった。

そこで美香《みか》は、京都府《きょうとふ》Ｊ養護学校高等部《ようごがっこうこうとうぶ》を受験《じゅけん》し、合格《ごうかく》したのだった。

第3章　養護学校高等部時代《ようごがっこうこうとうぶじだい》

■ふたたび学級委員《がっきゅういいん》になる

「私《わたし》たちは、今日からJ養護学校高等部生徒《ようごがっこうこうとうぶせいと》として、先生やお友だちといっしょになって、あゆんでいくための勉強《べんきょう》を、しっかり学んでまいります。みなさん、よろしくおねがいいたします」

J養護学校高等部入学式《ようごがっこうこうとうぶにゅうがくしき》。真新《まあたら》しい紺色《こんいろ》のブレザーを着《き》て、赤いネクタイをしめ、今まであこがれていた高等学校生活《こうとうがっこうせいかつ》の第一歩《だいいっぽ》。

だれもがのべられるような、ありふれた言葉《ことば》にすぎないと思われるが、美香《みか》にとっては、これだけの文章《ぶんしょう》をまとめるのにいく日も苦労《くろう》を重《かさ》ねた。

十日ほど前にJ養護学校《ようごがっこう》から、

「岡本《おかもと》さんに、新入生代表《しんにゅうせいだいひょう》として、ちかいの言葉《ことば》をのべてもらいたい」

と、連絡《れんらく》がはいったのだ。

美香《みか》は、人の前に立つと、緊張感《きんちょうかん》から言葉《ことば》がでなくなってしまう。暗記《あんき》してもわすれてしまう。できるだけ短《みじか》い言葉《ことば》で、すなおに喜《よろこ》びをのべることにしよう、と思った。

そして「ちかいの言葉《ことば》」を原稿用紙《げんこうようし》に書き、何回も練習《れんしゅう》をくり返《かえ》したのだった。

Ｊ養護学校《ようごがっこう》には、通学高等部《つうがくこうとうぶ》のほかに、重心教育部《じゅうしんきょういくぶ》（重症《じゅうしょう》の心身障害児《しんしんしょうがいじ》）と病弱教育部《びょうじゃくきょういくぶ》があった。通学高等部《つうがくこうとうぶ》以外《いがい》の生徒《せいと》は、となりの病院《びょういん》に入院《にゅういん》しながら学校教育《がっこうきょういく》をうけている。病弱教育部《びょうじゃくきょういくぶ》には小《しょう》・中学生徒《ちゅうがくせいと》のみが在籍《ざいせき》していた。

美香《みか》のかよう通学高等部《つうがくこうとうぶ》の新入生は男子九名、女子四名の合計十三名。全《ぜん》校生徒《こうせいと》あわせても六十名ほどであった。

美香《みか》のＪ養護学校高等部《ようごがっこうこうとうぶ》の生活がはじまった。

一年生十三人は二つの教室に分けられた。美香《みか》は自分から学級委員《がっきゅういいん》に立候《りっこう》補《ほ》した。新入生十三人の仲間《なかま》とは、すぐに心がうちとけ、なにごとにも積極《せっきょく》的《てき》に活動《かつどう》する美香《みか》は、仲間《なかま》からしたわれるようになった。

「岡本《おかもと》さんは、頭がいいね。なんで、養護学校《ようごがっこう》へ来たん？　わからへん」

美香《みか》は、目を細めて首をふる。

「私《わたし》はね、なんでもすぐわすれてしまうねん。頭のなかでまとめられへんの。それに、算数の計算もできひんし……」

「へぇ、そんなふうにには、みえへんわ」

入学早々、美香《みか》は仲間《なかま》たちから、ふしぎそうな顔でたずねられた。

学級委員《がっきゅういいん》は、クラスをまとめるだけでなく、つねに先生と連絡《れんらく》をとりあって、行事《ぎょうじ》の企画《きかく》をねったり、委員会《いいんかい》や学年会での内容《ないよう》を報告《ほうこく》する活動《かつどう》などがあった。

「岡本《おかもと》さんは、こまかな点にも、よく気がつくなあ」

先生方も、美香《みか》の積極的《せっきょくてき》な活動《かつどう》を、そのたびごとにほめてくれた。

それぞれの委員会活動《いいんかいかつどう》の代表《だいひょう》や、各学年《かくがくねん》の学級委員《がっきゅういいん》としての活動《かつどう》は、生徒《せいと》会活動《かいかつどう》に直結《ちょっけつ》する。それだけに、美香《みか》の生徒会活動《せいとかいかつどう》に対《たい》する自信《じしん》は、日ごとに深《ふか》まっていった。

京都《きょうと》のアパートから、学校に着《つ》くまでには、電車と徒歩《とほ》で一時間半ほどかかった。電車内では、今まで中学校の通常学級《つうじょうがっきゅう》にかよっていた友だちと会うこともたびたびあった。彼女《かのじょ》たちは、おしゃれに制服《せいふく》を着《き》こなし、今評判《ひょうばん》のテレビやタレントたちの話や、恋愛《れんあい》の話に夢中《むちゅう》になったりしている。そんな光景《こうけい》をうらやましくみつめることもあった。

美香《みか》は、それまでも「ふつう」という言葉《ことば》にあこがれていた。「ふつう」に生きるということがひとつの夢《ゆめ》でもあった。

美香《みか》は、どうして私《わたし》は、勉強《べんきょう》がふつうにできないのだろうか。どうして障《しょう》害児学級《がいじがっきゅう》や養護学校《ようごがっこう》にかよわなければならないのだろうか、と考えていた。

毎朝、小さくなって電車の座席《ざせき》にすわり、チラッと上目づかいで、ふつう高校へかよう同じ年齢《ねんれい》の高校生たちが笑《わら》いながら会話するすがたをながめる。(みんなは、ふつう以上《いじょう》をのぞんでいるようだが、ふつうほど、すばらしいものはないのではないか）車内でなごやかに語りあっている、かつての旧友《きゅうゆう》たちのすがたをながめながら、思いつめてしまうこともあった。

学校の最寄駅《もよりえき》の商店通《しょうてんどお》りの道をまっすぐに歩く。しばらく行くと、せまい道路《どうろ》に細いえだをのばしている竹やぶにあたる。うす暗《ぐら》い竹やぶを左手にみながら、ゆっくりと坂道《さかみち》をのぼる。ときおりつかれると、空を見上げて休む。坂道《さかみち》をのぼりきり、桜並木《さくらなみき》をすぎると養護学校《ようごがっこう》だ。駅《えき》から、友だちとおしゃべりをしながらぶらぶらぶら歩くと四十分ほどかかる。それがまた、楽しみのひとつでもあった。

学校での主要教科《しゅようきょうか》の授業《じゅぎょう》は、ほとんどが小学校時代《しょうがっこうじだい》の復習《ふくしゅう》ばかり。

「卒業《そつぎょう》してから、自分の力で生きていくために」

と、先生方は授業《じゅぎょう》のたびごとに自立の精神《せいしん》を語り、生活に根《ね》ざした授業《じゅぎょう》が多かった。

たとえば、数学の授業《じゅぎょう》では、

「スーパーへ行って、七千七百六十五円の買《か》い物《もの》をしました。一万円札《まんえんさつ》をだしました。おつりはいくらでしょう」

国語の授業《じゅぎょう》では、

「おじさんの家に遊《あそ》びに行きました。ごちそうになり、帰りにおみやげをいただきました。お礼《れい》の手紙を書きましょう」

美香《みか》はこうした授業《じゅぎょう》のなかで「生きる力」を身《み》につけていった。

高校生になっても、昨日《きのう》学んだことは、翌日《よくじつ》には消《き》えている。くり返《かえ》し、くり返《かえ》し学ぶことによって、わずかずつだが脳《のう》にはりついていくのだった。

■妹の気持《きも》ち

美香《みか》は三か月ぶりに、卒業《そつぎょう》したH中学校の校門をくぐった。

まだ授業中《じゅぎょうちゅう》なのだろうか、校舎《こうしゃ》は静《しず》まりかえっていた。

「お世話《せわ》になった中学校には、一学期中《がっきちゅう》に必《かなら》ずあいさつに行き、近況《きんきょう》を知らせてくるように」

と、養護学校《ようごがっこう》の先生からいわれていたからだ。

アジサイの花が昨夜《さくや》の梅雨《つゆ》にぬれたのか、あわい紅色《べにいろ》に変化《へんか》していた。葉《は》のみどり色が花の色とみごとにとけあい、かがやいてみえた。しめっぽい風

が足もとからふきつけてきた。

美香《みか》は、中学一年生のときに通常学級《つうじょうがっきゅう》でいじめられたことや、障害児学級《しょうがいじがっきゅう》に編入《へんにゅう》してから仲間《なかま》にしたわれたことなどを思いだしていた。

校舎《こうしゃ》の表玄関《おもてげんかん》からはいると、来客用《らいきゃくよう》スリッパをおそるおそる取《と》りだした。職員室《しょくいんしつ》にむかってろうかを歩いていると、友だちと話しながら、階段《かいだん》を下りてくる妹とばったり出会った。

美香《みか》は一瞬《いっしゅん》ドキッとした。妹は美香《みか》より三歳年下《さいとしした》だったので、四月に中学校に入学したばかりだった。

「これから、体育《たいいく》の移動《いどう》なの?」

美香《みか》は、なにげなく妹に声をかけた。が、次《つぎ》の瞬間《しゅんかん》、妹はプイッと視線《しせん》をそらし、早足で行ってしまった。

(私《わたし》に声をかけられるのが、いややったんや)美香《みか》は悪《わる》いことをしてしまったかな、とうつむいた。

職員室《しょくいんしつ》にはいると、部屋《へや》にいた数人の先生が、いっせいに美香《みか》に視線《しせん》をそそいだ。先生方は、「お姉さんになったなあ」「学校になれたかい」と声をかけてくれた。

しばらくしてからチャイムが鳴り、授業《じゅぎょう》がおわって先生方が職員室《しょくいんしつ》にもどってきた。美香《みか》は、直接《ちょくせつ》お世話《せわ》になった先生に、養護学校《ようごがっこう》での勉強《べんきょう》や行事《ぎょうじ》のことなどをくわしく報告《ほうこく》した。

その日、家に帰ると、いつもは笑顔《えがお》でむかえてくれる妹が、ふきげんそうな顔をして、なにも話しかけてこなかった。

美香《みか》は、(きっと学校訪問《がっこうほうもん》したとき、声をかけたことを気にして、おこっているんだな)と思い、妹が口をきくまでだまっていた。

母は、ふたりの間にきまずい空気がただよっていることを察《さっ》したらしい。

夕食がすむと、

「どうしたんや、ふたりとも？」

と、心配《しんぱい》そうにたずねてきた。すると、妹がひざを組んだまま、

「はずかしいから、友だちの前で声をかけたり、めだったりしんといて」

と、ツンとした声で、おこったような顔を美香《みか》にむけた。

「なにも悪《わる》いことしてないのに、なんであかんのよ」

美香《みか》も、むきになっていい返した。

「それ以上《いじょう》のことを、私《わたし》にいわせるの！」

妹の口調《くちょう》はさらに強くなった。美香《みか》はだまってしまった。

妹は、姉が養護学校《ようごがっこう》へかよっていることをまわりに知られたくなかったのだ。

「もう、けんかなんかやめなさい」

母が、わってはいった。だが、妹はそれまでためこんでいたものを一気にはきだすように続《つづ》けた。

「私《わたし》は、お姉ちゃんみたいになりたくない！」

美香《みか》はむねをグッとしめつけられた。

「私《わたし》は絶対《ぜったい》、養護学校《ようごがっこう》なんて行かないからね。私《わたし》はアホとちゃうんやから！」

妹は、これまでじっとがまんし、たえてきたのだろうか。しぼりだすような声で、美香《みか》にむかってさけんだ。目もとがうるんでいた。

美香《みか》は、まるで心臓《しんぞう》にふとい注射針《ちゅうしゃばり》をさされたようないたみを感《かん》じた。

(妹は、口にこそださなかったが、私《わたし》が障害児学級《しょうがいじがっきゅう》にいたことや、養護学校《ようごがっこう》にかよっていることで、もしかしたら、自分も障害者《しょうがいしゃ》ではないかと、苦《くる》しんでいたのかもしれない)

美香《みか》には、妹の不安《ふあん》をぬぐいさる言葉《ことば》が、思いうかばなかった。

二年前、美香《みか》が障害児学級《しょうがいじがっきゅう》に編入《へんにゅう》するときに、母がうちあけてくれた言葉《ことば》もよみがえってきた。

「美香《みか》に、今までいわんかったけど、お母さんもなあ、あまり勉強《べんきょう》ができなかったんや。中学生になっても、数学、いや算数の問題《もんだい》さえもとけへんかった。文章《ぶんしょう》も書けへんかった……。教室にいるつらい気持《きも》ちがよくわかる。だから、やさしく教えてくれるところが、いいと思うけどなあ」

いつも、美香《みか》にやさしい言葉《ことば》をかけてくれていた母も、美香《みか》と同じだったのだ。母の「あまり勉強《べんきょう》ができなかった」という言葉《ことば》を耳にしたとき、美香《か》はショックをうけたことを思いだした。（もしかすると、勉強《べんきょう》がわからない、なんでもすぐわすれてしまう、というのは母ににたのだろうか？）と思ったが、口にはださなかった。

妹も、美香《みか》と同じようになやんでいたのかもしれない。

「ごめん」

美香《みか》は、ポツリといった。

「もう、学校では声をかけへんから……」

その夜、美香《みか》はふとんにはいっても、なかなか寝《ね》つかれなかった。まくらカバーで、なんどもなみだをぬぐった。（いつか、本物《ほんもの》のスワンになってみせる。妹がじまんできるような存在《そんざい》になってみせる。妹を守《まも》れるような姉になってみせる）

美香《みか》の思いが通じたのだろうか、翌朝《よくあさ》、妹は昨夜《さくや》のけんかのことをすっかりわすれたかのようにケロリとした顔で、美香《みか》に声をかけてきた。

「電車に乗《の》りおくれんようになあ」

昨夜《さくや》のいいあいをわすれたかのように、妹が笑顔《えがお》で声をかけてくれたことが救《すく》いだった。

冬の持久走大会《じきゅうそうたいかい》が近づいてきた。美香《みか》に、また不安《ふあん》がのしかかってきた。

「十一キロも走りきることが、できるだろうか？」

からだは、中学校時代《ちゅうがくこうじだい》よりも太ってしまっていた。

「だけど、根性《こんじょう》だけは、だれにもまけへんで」

五歳《さい》のころから、美香《みか》はアレルギーのぜんそくもちだった。気管支炎《きかんしえん》をわずらったこともたびたびあった。

幼《おさな》いころ、母は美香《みか》のからだを心配《しんぱい》していたが、運動好《うんどうず》きでよくからだを動《うご》かしていたことから、中学生のころにはぜんそくの発作《ほっさ》が起《お》こることも減《へ》っていた。

（だけど、今まで十一キロメートルの距離《きょり》を走ったことはない。もし、とちゅうで息苦《いきぐる》しくなったらどうしよう）そう思うと走ることをためらってしまう。それでも、（だれにもまけたくない）という意欲《いよく》だけで、からだを動《うご》かしていた。

マラソン大会当日。欠席者《けっせきしゃ》をのぞいて、五十人ほどの生徒《せいと》がスタートをきった。

一キロ、二キロ……みんなとそろっての先頭集団《せんとうしゅうだん》。

三キロ、五キロ……坂道《さかみち》は続《つづ》く。まだ、先頭集団《せんとうしゅうだん》のなかのひとりだ。（まだ、苦《くる》しくない。これはいけるかもしれない）

美香《みか》の頭のおくにフツフツと「走れる」という自信《じしん》がわいてきた。

八キロ、十キロ……ふりむくと、そばにいるのは先輩《せんぱい》の女子生徒《じょしせいと》がひとりだけ。（まだ、余力《よりょく》がある。ラストスパートだ。今だ！）

スピードをあげた。追《お》ってくる生徒《せいと》はいない。

校庭《こうてい》に走りこむ。ランナーは美香《みか》ひとりだ。ゴールは近い。

ゴール！

先生が拍手《はくしゅ》でむかえてくれた。

「やった！」

持久走《じきゅうそう》でみごとに優勝《ゆうしょう》したのだ。

「岡本《おかもと》、すごいじゃないか」

先生がかたをたたいて、ボトルの水を手わたしてくれた。あせをふきながらボトルに口をつけた。

美香《みか》は持久走《じきゅうそう》の優勝《ゆうしょう》によって、体力にも、またひとつ自信《じしん》をつけることができたのだった。

その後三年間、美香《みか》は持久走大会《じきゅうそうたいかい》女子の部《ぶ》で毎年優勝《ゆうしょう》し続《つづ》けることができた。

■かけこみ保健室《ほけんしつ》

「どうしたんや。また、しんどくなったんか？」

保健室《ほけんしつ》でないている美香《みか》のもとに、学年主任《がくねんしゅにん》の川田カズヨ先生が顔をだし、やさしくせなかをなでてくれた。

美香《みか》は、養護学校高等部《ようごがっこうこうとうぶ》の二年生ごろから、自分というものがわからなくなり、ふさぎこむ日が多くなってきた。

養護学校高等部《ようごがっこうこうとうぶ》では、将来《しょうらい》の進路《しんろ》を考え、卒業《そつぎょう》してからも自立ができるようにと、授業《じゅぎょう》のなかに「作業学習《さぎょうがくしゅう》」の時間が組みこまれている。生徒《せいと》は一年

生のころから、さまざまな作業《さぎょう》をおこなっている。

美香《みか》も、ねんどでおさらをつくったり、ミシンを使《つか》ってぞうきんをぬったり、そめもの体験《たいけん》を積《つ》み重《かさ》ねながら、手さげ袋《ぶくろ》や小物《こもの》いれなどを制作《せいさく》してきた。生徒《せいと》たちが制作《せいさく》した品物《しなもの》は、近くの大型《おおがた》スーパーや、京都市内《きょうとしない》の百貨店《ひゃっかてん》や、各地《かくち》のお店や、学校の文化祭《ぶんかさい》などで販売《はんばい》された。

「手作りの品物《しなもの》が売れたよ」

と、先生から知らされるたびに、生徒《せいと》たちは、こおどりして喜《よろこ》んだ。ときには、自分たちの手で販売《はんばい》することもあった。そうした体験《たいけん》を積《つ》むことは、生きていくことへの自信《じしん》へとつながっていく。さらには、自分たちが自立するための土台となっていくのだ。

「でも……」

と、美香《みか》は立ちどまる。(本当に、社会のなかで、みんなといっしょに仕事《しごと》ができるのやろうか？）ふと疑問《ぎもん》がわいて、考えていくうちに気持《きも》ちがおちこんでしまう。（どうして私《わたし》は記憶力《きおくりょく》が弱いの？　どうしてふつうの子のようになれないの？　卒業《そつぎょう》したら、どうなるの？　だれか、やとってくれるんやろか？）

美香《みか》は、自分がふつうの人と同じようにできないことについて、しんこくになやみはじめた。

「いったい、自分は何者《なにもの》なんだろう？」

このころから、思春期《ししゅんき》をむかえた美香《みか》の「自分さがしの旅《たび》」がはじまった。

妹も中学二年生になって、少しばかり反抗期《はんこうき》。母も妹のことでなやんでいるようだ。（なやんでいることを、母に相談《そうだん》できない。これ以上心配《いじょうしんぱい》をかけたらあかん）

美香《みか》は、ときおり母に学校生活のようすをたずねられても「楽しいよ」

と、笑顔《えがお》で答えていたのだ。このころ、なにかとお金のかかる、高校生と中学生のむすめ二人をかかえていた母は、はたらいて生活費《せいかつひ》をかせぎだすことに必死《ひっし》だった。

美香《みか》は、自分について考えれば考えるほど、生きていくことの意味《いみ》がわからなくなっていた。（自分とは何者《なにもの》なのか。こんなに苦《くる》しむなら、いっそ命《いのち》を絶《た》ったほうがましだ）そんなふうに、思うこともある。

「自分がわからへん。学校にかようのがしんどい。教室にいるのもしんどい」

そんなとき、保健室《ほけんしつ》にかけこんでなきながらうったえる。母にいえない分、学年主任《がくねんしゅにん》の川田先生のふところにとびこんでいく。

「岡本《おかもと》さんが、しんけんに考えるのは、一歩一歩おとなに近づいているあかしや」

川田先生は、美香《みか》のなやみにしんけんに耳をかたむけ助言《じょげん》してくれる。

「だれもが通る道や。でもあまり、気ばらんと、かたの力をぬいてごらん。それに、岡本《おかもと》さんは責任感《せきにんかん》が強いから、クラスのことをひとりでしょいこみすぎて、苦《くる》しくなるんやわ」

川田先生は、美香《みか》のむねのうちをきいてくれる。

「ああ、この世界《せかい》から、にげだしたい」

「そう、にげだしたければ、にげだしてもいいんよ」

美香《みか》は、中学生のときは、いじめられて苦《くる》しんだ。高校生の今は、自分の生き方についてもがいているのだ。そのたびに先生に救《すく》いをもとめ、話をきいてもらう。すると気持《きも》ちがおちついてくる。

美香《みか》は、週に二回ほど『かけこみ保健室《ほけんしつ》』を続《つづ》けた。そこで、先生にあたたかくつつまれたからこそ、中学校時代《ちゅうがっこうじだい》のような登校拒否《とうこうきょひ》を起《お》こすようなことはなかったのだった。

「学級委員《がっきゅういいん》として、がんばりすぎなんや。またつかれたんとちがうんか?」

川田先生は、美香《みか》をいたわりながらも、ほめることをわすれない。

「岡本《おかもと》さんは、すべてに完《かん》ぺきで優等生《ゆうとうせい》すぎて、だれからもいい子にみえるんやわ。ここにかけこんでくるんで、ああ、岡本《おかもと》さんにも弱いところがあるんやなと、先生は少し安心《あんしん》したわ」

美香《みか》はハッとした。自分は今までがんばっている、かっこいい面《めん》だけをみせようとしていたのではないだろうか。

川田先生に「弱いところもあるんやなあ」と指摘《してき》され、本当の自分をみすかされたような気がしてきた。また逆《ぎゃく》に、今まで内面《ないめん》でモヤモヤしていたものが、取《と》りはらわれたような気分にもなった。

美香《みか》はほっとして、シクシクなきだした。

■童話《どうわ》と絵をかきはじめる

今日も、美香《みか》は保健室《ほけんしつ》にかけこんでいく。すると、職員室《しょくいんしつ》から川田先生がとんできて、美香《みか》の相談相手《そうだんあいて》になってくれる。

「また、いろんなことを想像《そうぞう》したんか？」

川田先生は、やさしく美香《みか》の髪《かみ》をなでる。

先生は、いろいろな話をしていくうちに、美香《みか》がたえず空想《くうそう》にふけり、想像《そうぞう》の世界《せかい》をふくらませるのが好《す》きであることを知った。しばらくして、美香《みか》の気持《きも》ちがおちつくと、ゆっくりと口をひらく。

「岡本《おかもと》さんは、頭の回転《かいてん》が早いんやなあ。すばらしいことやわ」

「でも、いろんなことを想像《そうぞう》しても、すぐわすれてしまう」

「回転《かいてん》が早いことと、わすれることとは、ちがうんやで。だったら、わすれんように、メモしておいたらいいんとちゃうか」

「つまらんことしか、思いうかばない」

「その、つまらんことが大事《だいじ》なんやわ」

「先生に笑《わら》われることや」

「じゃ、先生が笑《わら》っちゃうことを、教えてや」

先生は、しんけんな顔でぐっと身《み》を乗《の》り出《だ》してきた。

「岡本《おかもと》さんがいう、つまらん想像《そうぞう》したことを、ノートに書いてみはったらどうや」

川田先生の、さりげないひとことから、やがて美香《みか》の「絵本づくり」がはじまった。美香《みか》の空想《くうそう》の世界《せかい》は広がっていく。美香《みか》は童話《どうわ》の構想《こうそう》をねりはじめた。

はじめてできた作品《さくひん》は、

『大きくなったアリくん』

あらすじ＝アリのトムくんの夢《ゆめ》は「大きくなりたいこと」だった。アリくんは、小さなからだであちこちと歩き、たずねまわる。カエルくんや、イヌくんや、ウシくんに「どうしたら大きくなれるんだい？」と。「あまいものをたくさん食べることとさ」「肉を食べて力をつけることとさ」「やさいをたくさん食べることだね」と教わった。アリくんは、大きくなろうと、あまいもの、肉、やさいをたくさん食べた。しかし、いくら食べても大きくなれない。そこで、空にむかって神《かみ》さまにおねがいしたら、またたくまに、ウマくんより大きくなれた。それをじまんしようと、仲間《なかま》と住《す》んでいる家にもどったら、からだが大きくて家にはいれない。

そのため、アリくんはひとりで旅《たび》にでることになった。旅先で、小さな動《どう》物《ぶつ》たちにたずねた。リスさんや、小鳥さんたちに、「どうしたら小さくなれますか?」と。だが、首をふるばかり。そこで、なみだを流《なが》して流《なが》れ星《ぼし》さんにおねがいした。朝、目がさめると、アリくんは、小さなもとのすがたになっていた。

(せのびしないで生きよう。今の自分が一番いいと思うことだ)美香《みか》は、自分の思いを想像《そうぞう》の世界《せかい》にたくすことによって、ふたたび生きる意欲《いよく》を感《かん》じはじめた。

お話の世界《せかい》を、いくつかの場面《ばめん》に分けて、えんぴつで下絵をかき、そこに色えんぴつで色をぬっていく。べつの用紙に、マジックで文章《ぶんしょう》を書き、それぞれの場面《ばめん》にはりつけていく。

こうして、手作り絵本ができあがった。

「岡本《おかもと》さんのお話は、発想《はっそう》がしんせんやわ。それに、絵もうまいなあ」

川田先生は、いつもほめてくれた。

「アリくんはアリくんのすがたでいいんやねえ。だから岡本《おかもと》さんは、いつも岡本《おかもと》さんのすがたで……」

美香《みか》のほおがゆるんだ。想像力《そうぞうりょく》で自分の世界《せかい》をつくりだしていく。こんなすばらしいことは、ほかにはないと思いはじめた。

美香《みか》は、むねをはって学校へかようようになった。

「岡本《おかもと》さん、童話《どうわ》を書きはったの。すごーい。それでは、今度《こんど》は歌をつくってみいひん？」

川田先生から、童話《どうわ》の話をきいたといって、音楽の島本《しまもと》チナツ先生に声をかけられた。

「えっ？　歌！　つくれるかなあ？」

「だいじょうぶ。あんなに楽しい童話《どうわ》が書けるんだから」

島本《しまもと》先生の話によると、十月に大きな研究会《けんきゅうかい》が京都国際会館《きょうとこくさいかいかん》であり、そこでつくった歌を発表《はっぴょう》してみてはどうか、というのである。

「やってみます」

美香《みか》の頭は「作詞《さくし》、作曲《さっきょく》のこと」でいっぱいになった。

家に帰っても、電車に乗《の》っても、学校に来ても……、頭のなかは音楽のことばかり。

一か月かけて歌詞《かし》ができあがった。

『この道のむこうに』

♪ 進《すす》もう前にいっしょに歩こう　進《すす》もう前に勇気《ゆうき》をだして
明日にむかい大地をけって　はばたけあの光をめざして

1　この大きな空の下で　ぼくたちは出会った
遠くをみつめる君《きみ》のひとみは　どこかさびしそうだった
道ばたにわすれられた　小さな花のような
ちっぽけなぼくたちには　あきらめるものが多すぎて
(原文のまま。二番以下省略《ばんいかしょうりゃく》)

「わあ、いい歌詞《かし》やわ」

島本《しまもと》先生が目をまるくして、大げさにのけぞるしぐさをした。

「今度《こんど》は、先生といっしょに、曲《きょく》をつけてみよう」

美香《みか》が口ずさみ、先生が音符《おんぷ》を書きこんでいった。

楽譜《がくふ》が完成《かんせい》し、音楽室で何度《なんど》も練習《れんしゅう》を積《つ》みあげた。

「私《わたし》のお友だちのお宅《たく》に、レコーディングルームがあるの。そこで録音《ろくおん》しよう」

美香《みか》は島本《しまもと》先生につれられて、先生のお友だちの家にうかがうことになった。

そのお友だちのお宅《たく》はまるで、本物《ほんもの》の音楽スタジオのようであった。いろいろな録音機材《ろくおんきざい》がそろっていた。

はじめに島本《しまもと》先生がキーボードで曲《きょく》をひいて録音《ろくおん》した。次《つぎ》に美香《みか》の声を録音《ろくおん》した。

こんなことは、はじめての体験《たいけん》で、声がふるえる。自分の作詞《さくし》した歌だから、しんちょうにうたった。その上から、先生がコーラス（音の重なるところ）のパートをうたい、CDが完成《かんせい》した。

「よかったな、岡本《おかもと》さん。歌もうまいわ」

美香《みか》のほおが赤くほてった。

次《つぎ》の音楽の授業《じゅぎょう》から、全生徒《ぜんせいと》による『この道のむこうに』の練習《れんしゅう》がはじまった。学校中に美香《みか》の曲《きょく》が流《なが》れた。

そして、平成《へいせい》十四（二〇〇二）年十月三十日。

全国大会《ぜんこくたいかい》に集《あつ》まった先生方、五百人ほどの前で、岡本美香《おかもとみか》の作詞《さくし》・作曲《さっきょく》による『この道のむこうに』が、養護学校生徒《ようごがっこうせいと》の歌声によって会場いっぱいにひびきわたったのである。

第4章　目標《もくひょう》にむかって

■ケーキ店に絵をかざる

美香《みか》は、J養護学校高等部《ようごがっこうこうとうぶ》では、『かけこみ保健室《ほけんしつ》の美香《みか》』とよばれながらも、先生や仲間《なかま》たちと、楽しくすごすことができた。J養護学校在学中《ようごがっこうざいがくちゅう》は、一日も登校拒否《とうこうきょひ》をすることなく、無事《ぶじ》に三年間の全課程《ぜんかてい》を修了《しゅうりょう》したのだ

った。

「これもすべて先生方のおかげです」

美香《みか》は先生一人ひとりに感謝《かんしゃ》の言葉《ことば》をのべた。

「ちがうわ。あなたが、自分の力で自分の世界《せかい》をみつけだしたからよ」

先生方全員《ぜんいん》が、美香《みか》をたたえてくれた。

美香《みか》は三年生になってからというもの、自分の将来《しょうらい》についてしんけんに考えてきた。絵をかくことが大好《だいす》きなので、絵かきとして生活していきたい、と思っても、あすからすぐに絵で生計《せいけい》を立てていけるわけではない。絵はまだまだ未熟《みじゅく》で、趣味《しゅみ》の程度《ていど》にしかすぎない。

「岡本《おかもと》さんは、親切でやさしいから、人とふれあう仕事《しごと》がいいと思うなあ」

どの先生からも、そういわれるが、はじめて会う人には緊張《きんちょう》し、思っていることの半分も言葉《ことば》にあらわせない。それでも、三年生の二学期《がっき》からは、福《ふく》祉施設《しせつ》や、ケーキ屋《や》での現場実習《げんばじっしゅう》にはげんできた。

しかし、どちらの仕事《しごと》もやりがいがあり、きめかねていた。

結局《けっきょく》、在学中《ざいがくちゅう》の実習《じっしゅう》が縁《えん》となって、美香《みか》の卒業後《そつぎょうご》の就職先《しゅうしょくさき》は「Sケーキ店」にきまり、滋賀県瀬田《しがけんせた》にある「Sケーキ・瀬田店《せたてん》」に配属《はいぞく》されることになった。

就職《しゅうしょく》してしばらくは、京都《きょうと》から二時間ほどかけてかよっていたが、ひと月ほどして、仕事場《しごとば》やあたりの環境《かんきょう》にもなれてきた。生活にも自信《じしん》がついてきたので、家族《かぞく》のもとをはなれ、住《す》みこみではたらくようになった。

「どうだい、仕事《しごと》は。むずかしくないかい？」

福岡県出身《ふくおかけんしゅっしん》というわかい山本店長は、ときおり美香《みか》を気づかい、やさしく声をかけてくれる。

「はい」

美香《みか》はうなずく。すると、仕事仲間《しごとなかま》が、かたわらから声をかけてくれた。

「美香《みか》ちゃんは、仕事《しごと》がていねいやからなあ」

美香《みか》ははずかしそうに、首をすくめる。

「やることがおそくてすみません」

「おそい、早いじゃないよ。心をこめてつくることが、大事《だいじ》なんだからね」

店長は、笑《わら》いながらできたてのケーキをそっとはこんでいく。ケーキ店ではたらく仲間《なかま》たちは、まるで家族《かぞく》のように仲《なか》がよかった。美香《みか》の仕事《しごと》は、カスタードクリームをつくったり、ショートケーキの具材《ぐざい》をもりつけたり、ロールケーキをまいたりすることだった。

美香《みか》は、なかなか仕事《しごと》を覚《おぼ》えることができず、そのうえ不器用《ぶきよう》ときている。それでも仲間《なかま》たちは、美香《みか》の仕事《しごと》の流《なが》れがおそくなったときでも、決《けっ》して、しかったり、いやな顔をすることもなく、美香《みか》のペースにあわせてくれた。

仕事《しごと》が一段落《いちだんらく》すると、ケーキに文字を書く練習《れんしゅう》もさせてくれた。

「マイペースで、覚《おぼ》えていけばいい。あせることはないからね」

店長は、やさしく手ほどきしてくれる。

夜は、仕事《しごと》がおわると、職場仲間《しょくばなかま》といっしょに、近所《きんじょ》の店へラーメンを食べに行った。仲間《なかま》にはすなおに話すことができた。

中学校時代《ちゅうがくこうじだい》にいじめられたこと、障害児学級《しょうがいじがっきゅう》に編入《へんにゅう》したこと、当時自殺《とうじじさつ》を考えたこと、養護学校《ようごがっこう》にいたころ、生き方でなやんだこと……。自分の今までの苦《くる》しかった経験《けいけん》を正直に告白《こくはく》した。

仲間《なかま》は、しんけんに耳をかたむけてくれた。

「そんなこと、小さい、小さい。人生でっかく生きなきゃ、あかん」

ビールがはいった先輩《せんぱい》は、ごきげんな赤ら顔でテーブルにひじをつき、手を左右にふる。そんなとき美香《みか》も思わず笑《え》みがこぼれる。

「はたらくって、こんなにも楽しいんだ」

夜のひととき、心地《ここち》よい時間《じかん》が流《なが》れていった。

母は、住《す》みこみではたらいているケーキ店をたずねた。母は、住みこみではたらいている美香《みか》のようすを心配《しんぱい》して、ときおり京都《きょうと》から、おみやげをたずさえてケーキ店をたずねた。そして店長から、「岡本《おかもと》さんは、仲間《なかま》たちと楽しくはたらいている」ときかされると、安心《あんしん》したようにケーキを買って帰っていった。


Sケーキ店では、生クリームをあつかっているので、寒《さむ》くなっても仕事場《しごとば》の温度《おんど》を上げることができない。

ある日、冷蔵室《れいぞうしつ》からでてきた店長のメガネがまっ白にくもっていた。

あれっ、私《わたし》がこのあいだかいたモグラの絵のようだ。美香《みか》は、モグラに大きなメガネをかけさせた絵をかいたことを思いだした。

「店長、モグラみたい。ハ、ハ、ハ、ハ……」

美香《みか》は思わずふきだしてしまった。そして、あわてて手を口もとにあてた。

「おいおい、おれがモグラだって？」

店長が笑《わら》った。店長につられて仲間《なかま》も笑《わら》った。

「美香《みか》ちゃんが、こんなに大声で笑《わら》うの、はじめてみたよ」

店長は手を白い作業帽《さぎょうぼう》にあて、目をまるくし、ひょうきんにおどけてみせた。

クリスマスが近づいてきた。店内には、クリスマス用の商品《しょうひん》がならび、かざりつけが準備《じゅんび》された。

「店長さん、私《わたし》も絵をかいたんですが、お店にかざらしていただけませんか？」

美香《みか》は店長に、おそるおそる絵をさしだした。美香《みか》は、お店にあったダンボールの板《いた》に、ポスターカラーでクリスマスの絵をかいたのだ。

ひとりの少年が星を見上げ、むこうからソリに乗《の》ってやってくるサンタクロースに手をふっている絵だ。

「いやあ、なかなかいいじゃないか。かざりましょう」

自分のかいた絵を、店長に認《みと》めてもらえた美香《みか》は、うれしさのあまり思わず、ゴクンとつばをのみこんだ。

店長は、それから、絵を持ったうでをのばしたり、左右に動《うご》かしたりしながらながめ、

「ここにしよう」

というと、お店のまんなかにある白いかべにかざることをきめたのだった。

店にケーキを買いに来た客《きゃく》が、美香《みか》のかいた絵に、注目《ちゅうもく》してくれるようになった。

「かわいい絵やなあ」

「この絵、好《す》きやわ」

「絵本みたいやなあ」

店内が、絵の話題《わだい》でもちきりになることもあった。

「美香《みか》ちゃんの絵のおかげで、お客《きゃく》がふえたわ」

仲間《なかま》たちは、客《きゃく》が絵をほめるたびに、笑《わら》ってはげましてくれた。

美香《みか》が本格的《ほんかくてき》に絵をかきはじめたのは、このころからであった。

美香《みか》にとって、Sケーキ店の親切な仲間《なかま》たちにささえられての仕事《しごと》は、毎日が楽しく充実《じゅうじつ》していた。でも、自分の経験《けいけん》を生かして福祉《ふくし》の仕事《しごと》をしたい、それに絵もかき続《つづ》けていきたい、という気《き》持《も》ちがおさえきれなくなってきた。

美香《みか》は、よく考えたすえに、瀬田《せた》のケーキ店を一年で退職《たいしょく》したのだった。そして京都《きょうと》にもどり、実家《じっか》のそばにアパートをかりて、ひとりぐらしをすることにした。

■学習障害《がくしゅうしょうがい》(LD)と判明《はんめい》する

「どうしても、絵をかき続《つづ》けたい」

美香《みか》は、食品工場《しょくひんこうじょう》、クレープ屋《や》、パン屋《や》……アルバイトで職場《しょくば》を転々《てんてん》としながらも、生活費《せいかつひ》だけは自分の力でかせぐことができた。そして、休日になると絵をかいた。

アルバイトは、どこへ行っても仕事《しごと》が思うように覚《おぼ》えられなかった。仕事《しごと》がうまくはかどらないと、いたたまれなくなることもあった。メモをとり、それをみながら仕事《しごと》にはげむのだが、同じ時期《じき》にはいった仲間《なかま》に、しだいに大きく差《さ》をつけられてしまう。（今にはじまったことではないけれど、どうして私《わたし》は、覚《おぼ》えることができひんのやろ……。これから、自分の力だけで生活を続《つづ》けていけるのかしら）と、養護学校時代《ようごがっこうじだい》と同じなやみが、ふたたびふきだしてきた。

美香《みか》は、自分の頭脳《ずのう》について、徹底的《てっていてき》に調《しら》べてもらうことにしようと思った。そして養護学校時代《ようごがっこうじだい》に学校医《がっこうい》としてめんどうをみてもらっていた、K病《びょう》院《いん》の神経内科《しんけいないか》をたずねたのだった。

美香《みか》の担当医《たんとうい》は、たびたび学校に来られていた志賀《しが》チヒロ先生にきまった。

「久しぶりね」

先生はほほえみ、やさしいまなざしでうなずいてくれた。養護学校時代《ようごがっこうじだい》のことを覚《おぼ》えていてくれたのだ。美香《みか》は、なんとなくほっとした。

美香《みか》は、志賀《しが》先生と何度《なんど》か面談《めんだん》を重《かさ》ねるうちに、「双極性障害《そうきょくせいしょうがい》（そううつ病《びょう》）」と診断《しんだん》された。

双極性障害《そうきょくせいしょうがい》とは、「そう状態《じょうたい》」とよばれる気分が高ぶったとき、「うつ状《じょう》態《たい》」とよばれる気分が低下《ていか》したときが、交代《こうたい》で起《お》こる病気《びょうき》である。

美香《みか》は、病院《びょういん》で「双極性障害《そうきょくせいしょうがい》」の症状《しょうじょう》をきいて（そういえば、小《しょう》・中学校《ちゅうがくこう》時代《じだい》、にたようなことがあった。養護学校時代《ようごがっこうじだい》は、たしかに感情《かんじょう》の起伏《きふく》がはげしかった）と思った。それが、病気《びょうき》であるということを今はじめて知ったのだ。

美香《みか》は、毎月一回定期的《ていきてき》にK病院《びょういん》へかようことになった。

美香《みか》が、辞書《じしょ》を片手《かたて》に積極的《せっきょくてき》に「頭脳《ずのう》に関《かん》する本」「障害者《しょうがいしゃ》の本」を読みだしたのも、このころからであった。双極性障害《そうきょくせいしょうがい》の症状《しょうじょう》だけでは、自分の記《き》憶力《おくりょく》の弱さが説明《せつめい》できなかったからだ。

美香《みか》は以前《いぜん》、『片づけられない女たち』という本を読んだことがあった。その本によると、「発達障害《はったつしょうがい》のひとつで、思慮《しりょ》に欠《か》けた行動《こうどう》をとったり、おちつきがなかったり、注意力《ちゅういりょく》が散漫《さんまん》で、自分自身《じぶんじしん》をじょうずにコントロールできない人である」と書いてあった。略《りゃく》して「ADHD」というのだそうだ。

「先生、本で読んだのですが、私《わたし》はADHDという障害《しょうがい》でしょうか？」

そのことを志賀《しが》先生にたずねてみた。

「いいえ、ちがいますよ」

志賀《しが》先生は笑《え》みをうかべながら首をふり、それ以上《いじょう》のことはいわなかった。それからも美香《みか》は、書店や図書館《としょかん》へ足をむけては、「脳《のう》の障害《しょうがい》に関《かん》する本」をさがし続《つづ》けた。

ある日、「学習障害《がくしゅうしょうがい》（ＬＤ）の本」をひらいておどろいた。（あれっ、私《わたし》のことが書かれている）言葉《ことば》の一字一句《いちじいっく》が、美香《みか》そのものであった。

「・読むこと＝・文章《ぶんしょう》のおおよその内容《ないよう》をとらえることができない。
　　　　　　　・文字や行をとばして読んでしまう。
・書くこと＝・形のにた文字をまちがえて読んでしまう。
　　　　　　・形のにた字をまちがって書く。
　　　　　　・小さく書く「っ」「や」「ゆ」「よ」の入った言葉《ことば》が正しく書けない。

・□（わく）の中に文字がうまく書けない。
・聞くこと＝・相手《あいて》の話を理解《りかい》できない。
・集団《しゅうだん》の会話にはいれない。
・言葉《ことば》による指示《しじ》をうけとめられない。
・話すこと＝・自分の言いたいことがまとめられない。
・順序立《じゅんじょだ》てて話すことができない。
・自分が思いつくままに話してしまう。
・計算する＝・やさしいたし算や、引き算ひとつでも、指《ゆび》をつかう。
・くり上げたり、くり下げたりの計算ができない。
・図形の公式《こうしき》の意味《いみ》が理解《りかい》できない。
・生活するうえで＝時間割表《じかんわりひょう》の意味《いみ》がわからない。時間の流《なが》れや、カレンダーの意味《いみ》がわからない、など」

くいいるように読み、ページをめくるたびに、美香《みか》の頭のなかに今までの生活がうかびあがってくる。本に書かれている内容《ないよう》が、自分とぴったりあうのだ。

美香《みか》は最初《さいしょ》のうち、ちょっとためらっていたが、過去《かこ》の生活を志賀《しが》先生に正直にうちあけた。

「私《わたし》は、小学校のころから計算問題《けいさんもんだい》もできませんでした。中学校時代《ちゅうがっこうじだい》、歌が大好《だいす》きなので、大声でうたったら、スワンとよばれ、いじめられたこともありました……」

「そう、つらかったでしょうね」

志賀《しが》先生は、小さくフウッと、ため息《いき》をつくと、美香《みか》に同情《どうじょう》するように低《ひく》い声でいった。

美香《みか》は、はじめはちゅうちょしていたが、思いきって「学習障害《がくしゅうしょうがい》の本」を読んだことも話した。

「先生、私《わたし》はもしかすると、その本で読んだ、ＬＤなのでしょうか？」

　すると、先生は美香《みか》の目をじっとみつめていたが、

「そうよ」

と、キッパリいった。

　それから、しばらく間をおいてから、先生は小さく頭をふって、美香《みか》の目をのぞきこむようにいった。

「でも、心配《しんぱい》いらない。人間だれでも、からだのどこかしらに悪《わる》いところをかかえているんだから、心配《しんぱい》することないわ。岡本《おかもと》さんの場合《ばあい》は、頭につめこむ容量《ようりょう》が、すこしせまいだけ。これからは、あなたはあなたとして、自分らしく生きていこうとすることを考えればいいのよ」

　先生は「心配《しんぱい》いらない」という言葉《ことば》を、二回も強く、くり返《かえ》した。そし

て、美香《みか》の両手《りょうて》を引きよせるようにしてやさしくにぎってくれた。あたたかい感触《かんしょく》が伝《つた》わった。美香《みか》は、なみだがこぼれそうになった。（やっぱり、そうだったのか）今まで、むねのどこかにつかえていたものが、とれたような感《かん》じがした。ひと筋《すじ》のあかりがみえてきたようだった。

美香《みか》は、今まで学習障害《がくしゅうしょうがい》（ＬＤ）の本を読んでいなかったし、そういう言葉《ことば》さえも知らなかった。自分は、たんに記憶力《きおくりょく》がおとる、ものわすれの多い人間なのだ、と思いこんでいたのだ。

学習障害《がくしゅうしょうがい》は、外見ではわからない。だから、友だちからは、

「あなたはふつうの子だよ。なんでもないよ」

と、いわれることがたびたびあった。

学校の、ある先生からは、

「おまえは、なまけて勉強《べんきょう》しないんだろう」

と、しかられたこともあった。

美香《みか》の小《しょう》・中学校時代《ちゅうがっこうじだい》は、学習障害《がくしゅうしょうがい》のことがあまり知られていなかったので、たんなるなまけものとして、とらえられてしまっていたのだ。

美香《みか》は、志賀《しが》先生に、

「頭につめこむ容量《ようりょう》が、ちょっとせまいだけ」

と、いわれた。

「だから、私《わたし》は、長文読解《ちょうぶんどっかい》や、図形の意味《いみ》がとらえられへんかったんや」

今までの自分のできなかったことが、障害《しょうがい》のせいであることがわかって、それまで内面《ないめん》でモヤモヤとしていたものがふっ切れたように、すっきりした気分になった。

そして、今まで自分自身《じぶんじしん》で調《しら》べなかったことを後悔《こうかい》した。

「障害《しょうがい》をもっていても、いっしょうけんめいに生きようとしているではないか」

美香《みか》は、これからは、まわりの人が中傷《ちゅうしょう》する言葉《ことば》を、あまり気にしないであゆむことにしようと心にきめた。

その日、母のもとへ急《いそ》いだ。美香《みか》は病院《びょういん》での一部始終《いちぶしじゅう》をすべて母に話した。

「お母さんも、今まで美香《みか》が、がんばっても勉強《べんきょう》ができないこと、なんでやろうと思っていたけど、それがわかって、なんかスッキリしたわ。原因《げんいん》がわかってよかったなあ」

母は、目もとをうるませた。

それからの美香《みか》は、絵をかくことへの意欲《いよく》がいちだんと高まっていった。

絵本作家をめざそう――あまりにも大きな夢《ゆめ》かもしれないが、目標《もくひょう》をもって挑戦《ちょうせん》しなくては、自分自身《じぶんじしん》がうずもれてしまうと思った。

美香《みか》は福祉作業所《ふくしさぎょうしょ》ではたらきながら、わずかな収入《しゅうにゅう》を得《え》ると、画材店《がざいてん》に走った。画用紙、クレヨン、パステル、アクリル絵《え》の具《ぐ》、ポスターカラー、色えんぴつ、画板《がばん》などを買いもとめた。

「いつの日か、個展《こてん》がひらけるようになりたい！」

手さぐりだが、とにかく夢《ゆめ》にむかってまっしぐらにつきすすんだ。

休日は、ひとりぐらしのアパートで絵をかくことだけに集中《しゅうちゅう》した。

絵が一枚完成《まいかんせい》すると、そのタイトルを考えるのも楽しみのひとつになった。『舞風《まいかぜ》』『こども部屋《べや》』『月の上で読書』……新しい作品《さくひん》が次々《つぎつぎ》と生まれていった。ときには、自分で童話《どうわ》を考えては、それに絵をかいていった。

『ポケットいっぱいのヒミツ』『ランプ』『見習《みなら》いのサンタクロース』……手作り絵本ができあがった。

美香《みか》は、絵に取《と》り組《く》むことによって、過去《かこ》の暗《くら》かった思い出をぬぐいさることができたのだった。

第5章　スワンは、はばたく

■初《はつ》の個展開催《こてんかいさい》

美香《みか》が、Sケーキ店をやめて、絵をかくことに熱中《ねっちゅう》してから七年がすぎた。その間、アルバイトを続《つづ》けながら福祉関係《ふくしかんけい》の勉強《べんきょう》もして、「ヘルパー二級《きゅう》」の資格《しかく》を取得《しゅとく》することもできた。また、学科試験《がっかしけん》の暗記《あんき》で苦労《くろう》したが、自動《じどう》

車《しゃ》の運転免許証《うんてんめんきょしょう》を取得《しゅとく》することもできた。

毎日が充実《じゅうじつ》していた。しかし、この間の道は平《へい》たんではなかった。つらいこともあったが、これも人生の経験《けいけん》だと、きっぱりわりきることにした。

今日《きょう》も、いきつけの画材店《がざいてん》に足をむけた。ふと、テーブルのすみにさりげなく置《お》かれているチラシを手にとった。

「京都市南青少年活動《きょうとしみなみせいしょうねんかつどう》センターのギャラリースペースにて、個展《こてん》をひらきませんか。絵画作品募集《かいがさくひんぼしゅう》」

「個展《こてん》・作品募集《さくひんぼしゅう》」の活字《かつじ》が、まぶしくとびこんできて、むねをゆさぶった。美香《みか》はまよった。（自分の絵を知らない人にみてもらって、感想《かんそう》をきくのも、勉強《べんきょう》のひとつかな……。いやいや、まだかきはじめて七年目。それに、独学《どくがく》だし……）

ひと晩《ばん》考えた。そして、自分にいいきかせた。（いつか個展《こてん》をひらきたいと思っていたではないか、チャンスだ。勇気《ゆうき》をだせ！）

　翌日《よくじつ》、南青少年活動《みなみせいしょうねんかつどう》センターへむかった。

「あのう……ギャラリーでの作品募集《さくひんぼしゅう》のチラシをみて……来たのですが」

「それなら、申《もう》しこみ用紙に、書いてください」

　美香《みか》は、たどたどしい字で、用紙に「住所《じゅうしょ》、氏名《しめい》、生年月日《せいねんがっぴ》、出品点数《しゅっぴんてんすう》」を書きこんだ。ギャラリー担当《たんとう》の森下さんは、名刺《めいし》をだして、ていねいに開催《かいさい》までの手順《てじゅん》をこまかく説明《せつめい》してくれた。

「あら、岡本《おかもと》さんは二十八歳《さい》、私《わたし》と同じ年ね。これからも、おうえんするからがんばってくださいね」

と、申《もう》しこみ用紙をみつめ、自分と同年齢《どうねんれい》であることに親しみを感《かん》じたのか、やさしく応対《おうたい》してくれた。森下さんの笑顔《えがお》で、美香《みか》は気持《きも》ちをやわらげることができた。

美香《みか》は個展《こてん》へ出品《しゅっぴん》するための準備《じゅんび》をはじめた。

今まで、こつこつとアパートでかきためておいた作品《さくひん》から、『舞風《まいかぜ》』『幻想《げんそう》の鳥』『こども部屋《べや》』『深海氷《しんかいひ》』『帰り道』など十数点を選《えら》んだ。

かべのかざりつけは、森下さんをはじめ、センターの人たちも手伝《てつだ》ってくれた。

「岡本《おかもと》さん、うまいじゃない」

「すばらしい才能《さいのう》をもっていたんだね」

「目のつけどころが、いいよ」

センターの担当者《たんとうしゃ》が、美香《みか》の絵をながめては口ぐちにほめてくれた。美香《みか》にとっては、今まであこがれていた個展《こてん》の初開催《はつかいさい》だ。

「ギャラリー展《てん》」は、平成《へいせい》二十四（二〇一二）年九月二十四日から二週間開催《かいさい》される。美香《みか》はむねをときめかせて、絵をみに来てくれるお客《きゃく》さんをまっていた。

お客《きゃく》さんの大半は、社交《しゃこう》ダンス、ヒップホップ、テニスなどでセンターを利用《りよう》する人たちだった。

美香《みか》は二週間、一日も休まず会場につめていた。自分の絵の前で立ちどまってくれる人がいると、つい心がおどり、遠慮《えんりょ》しながらも、おそるおそるそっと近づいていった。

お年よりが多かった。なかにはメガネをはずして、顔をそっと絵に近づけてこまかい部分《ぶぶん》までみてくれる人もいた。

「どうですか？」

美香《みか》は、はにかみながら、てれくさそうにたずねた。

「あなたが、かいたの？　発想《はっそう》がおもしろいね。なにでかいたの？」

「アクリル絵《え》の具《ぐ》です」

「そう。色彩《しきさい》がいいわ」

見学者《けんがくしゃ》にほめられると、美香《みか》ははずかしそうに、「ありがとうございます」と頭を下げる。（ああ、勇気《ゆうき》をだして、思いきって出品《しゅっぴん》してよかった）と思った。


なかには、絵についてのしつもんや、感想《かんそう》とはべつに、

「たいへんでしょうが、がんばってくださいね」

と、せなかをやさしくたたいてくれる人もいた。

「いやあ、いい絵だなあ……。この作品《さくひん》がほしいなあ」

美香《みか》は、とび上がるほどうれしくなった。しかし、この会場では売買は禁《きん》じられている。美香《みか》にとって、「ほしい」といってくれた言葉《ことば》だけでも十分はげみになった。

美香《みか》は、森下さんと相談《そうだん》して、日曜日にはギャラリースペースでライブペ

イント（見学者《けんがくしゃ》の前で絵をかくこと）をおこなうこともきめた。

ところが、予定していた日に、台風が接近《せっきん》し、ライブペイントは最終日《さいしゅうび》に延期《えんき》となってしまった。

しかし、運《うん》は美香《みか》を見放《みはな》さなかった。

展示会場《てんじかいじょう》に、メガネをかけたわかい男性《だんせい》があらわれて、美香《みか》にていねいに名刺《めいし》をさしだした。名刺《めいし》に目をおとした美香《みか》はハッとした。男性《だんせい》は「京都新聞《きょうとしんぶん》」の記者《きしゃ》だったのだ。「学習障害者《がくしゅうしょうがいしゃ》が夢《ゆめ》をもとめて個展《こてん》をひらいている」という情報《じょうほう》を得《え》て、ギャラリー展《てん》のようすを取材《しゅざい》しに来てくれたのだった。

■「京都新聞《きょうとしんぶん》」で紹介《しょうかい》される

『強く生きる心、絵画に込《こ》め、学習障害《がくしゅうしょうがい》の女性《じょせい》が初個展《はつこてん》』「京都新聞《きょうとしんぶん》」（平成《へいせい》二十四（二〇一二）年十月五日付《づけ》）に大きな見出しがおどり、美香《みか》と展示絵画《てんじかいが》の写真《しゃしん》が紹介《しょうかい》された。

記事《きじ》は次《つぎ》のようなものだった。

『発達障害《はったつしょうがい》の一種《いっしゅ》で読み書きなどに困難《こんなん》を伴《ともな》う学習障害《がくしゅうしょうがい》（ＬＤ）の岡本美香《おかもとみか》さん（二八）＝京都市伏見区《きょうとしふしみく》＝が、初《はつ》の絵画展《かいがてん》を南区《みなみく》の南青少年活動《みなみせいしょうねんかつどう》センターで開《ひら》いている。絵との出会いが人生を変《か》え、絵本作家の夢《ゆめ》を抱《いだ》いている。

「大人《おとな》になって目標《もくひょう》を見つけ強く生きている。同じ境遇《きょうぐう》の人に自分のメッセージを伝《つた》えたい」と話す。

岡本《おかもと》さんは成人《せいじん》になってからLDと診断《しんだん》された。学生時代《がくせいじだい》、一見して障害《しょうがい》が分からないため周囲《しゅうい》の理解《りかい》を得《え》られず、「障害《しょうがい》のある人と、ない人との境《きょう》界線上《かいせんじょう》にいるようでつらかった」と振《ふ》り返《かえ》る。小学校のころから勉強《べんきょう》が遅《おく》れがちになり、同級生《どうきゅうせい》のいじめを受《う》け、中学二年から障害児学級《しょうがいじがっきゅう》で学んだ。卒《そつ》業後《ぎょうご》は養護学校《ようごがっこう》（現特別支援学校《げんとくべつしえんがっこう》）の高等部《こうとうぶ》に進《すす》んだ。

幼《おさな》いころから絵を描《か》くのは好《す》きだった。高等部時代《こうとうぶじだい》、帰宅途中《きたくとちゅう》に雲を見上げたのを機《き》に頭に物語《ものがたり》がうかび、絵筆《えふで》をとり始《はじ》めた。画用紙に向《む》かうと気持《きも》ちが落《お》ち着《つ》き、「絵画が自分の居場所《いばしょ》」と感《かん》じたという。

養護学校卒業後《ようごがっこうそつぎょうご》、作品《さくひん》を友人らに褒《ほ》められたことが本格的《ほんかくてき》な創作《そうさく》への意気《いき》込《ご》みにつながった。今は「ｅｍｉｒｕ《エミル》　ｃｏｃｏ《ココ》」の作家名で活動《かつどう》している。

初《はつ》の個展《こてん》では三年前から描《か》きためた十五点を並《なら》べた。岡本《おかもと》さんが作った物《もの》語《がたり》の一場面《ばめん》を描《えが》いた作品《さくひん》「Ｌａｍｐ《ランプ》」は、太陽《たいよう》が昇《のぼ》らない世界《せかい》を少女がランプで照《て》らし人々に光が広がっていく様子《ようす》を表現《ひょうげん》した。最新作《さいしんさく》「鳥」は複数《ふくすう》の画材《がざい》を重《かさ》ねて描《か》いており、新たな作風への挑戦《ちょうせん》をのぞかせる。

岡本《おかもと》さんは「落《お》ち込《こ》んでいる人には元気を、頑張《がんば》っている人には安《やす》らぎを感《かん》じてもらえたら」。いつかは絵本を作り、多くの人に届《とど》けたいと願《ねが》う。

六日まで。同日午後一時半から即興《そっきょう》で絵で描《か》くショーを行《おこな》う。無料《むりょう》。』

美香《みか》の記事《きじ》が、「京都新聞《きょうとしんぶん》」に掲載《けいさい》された日、南青少年活動《みなみせいしょうねんかつどう》センターには、何件《なんけん》もの問《と》いあわせの電話がかかってきた。

それまでは、なにかのついでに来てくれた人が多かったのだが、新聞をみて、わざわざ南青少年活動《みなみせいしょうねんかつどう》センターまで足を運《はこ》んでくれる人がふえはじめた。

「この方が、画家さんです」

森下さんが、絵をながめる人にむかって、一人ひとりに声をかけてくれた。

美香《みか》は「画家さん」というひびきにとまどいを覚《おぼ》えた。緊張感《きんちょうかん》がまし、てれくささを感《かん》じたが、すなおにうけいれることにした。

「新聞をみてね、来たんですよ。よく、がんばったね」

「いろいろ、苦労《くろう》もあったことでしょうなあ」

なかには新聞をみて、舞鶴《まいづる》から車で三時間かけて、美香《みか》に会いたいとたずねてくれた人がいた。

「じつは、うちのむすめも学習障害《がくしゅうしょうがい》をかかえていましてね。子どもに、どう接《せっ》したらいいか、なやんでいるんですよ」

と、子どもへの接《せっ》し方《かた》のアドバイスをもとめられたりもした。

美香《みか》は、一人ひとりに、自分のあゆんできた過程《かてい》を話したり、自分が人からやさしく、また力強く声をかけられて自信《じしん》がついた体験《たいけん》などをきかせたりした。

個展最終日《こてんさいしゅうび》。台風で順延《じゅんえん》になっていた「ライブペイント」がひらかれた。ライブペイントでは、CDを使《つか》って音楽を流《なが》し、見学者《けんがくしゃ》の前で絵をかくのだ。CDは、リラクゼーション（緊張《きんちょう》をといてくつろぐこと）の曲《きょく》や、ウェディングの曲《きょく》などを組みあわせてつくった。厚《あつ》い一枚板《いちまいいた》と大きい画用紙も準備《じゅんび》した。会場のいすは満席《まんせき》となり、多くの人が見物《けんぶつ》に来てくれた。母も会場にかけつけてくれた。

美香《みか》は、小さく深呼吸《しんこきゅう》をしてから、自己紹介《じこしょうかい》をした。それからゆっくりとせをむけて、緊張《きんちょう》しながらCDをかけた。絵筆《えふで》を手にすると、音楽にあわせて、板《いた》にはりつけた画用紙にむかって一気に動《うご》かしはじめた。

画題《がだい》は、『希望《きぼう》の花』。

はじめに、銃《じゅう》を手にしたカンボジアの子どものすがたをかいた。

見学者《けんがくしゃ》も音楽のリズムにあわせ、からだや首をふったり、手をこしにあてておトントンたたきながら、笑顔《えがお》で美香《みか》の筆先《ふでさき》に目をそそいでいる。

そして、その絵の上に色を重《かさ》ね、子どものすがたを消《け》していく。そのあとに希望《きぼう》の光にむかって、うでをのばす少女をかく。そのまわりには色とりどりの美《うつく》しい花ばなを散《ち》りばめていく。

美香《みか》は、ひと筆《ふで》ごとにグッとからだをそらせて絵をみつめる。筆《ふで》は休むことなく、絵《え》の具《ぐ》やパステルをたくみに使《つか》いわけながら、次々《つぎつぎ》と色を重《かさ》ねていく。

「ほーう」

「すごい！」

見学者《けんがくしゃ》からもれた感嘆《かんたん》の声が耳にとびこんでくる。

未来《みらい》の希望《きぼう》にむかってあゆむ子ども、それを見守《みまも》る花ばな。子どもは美香《みか》そのものであり、花はそれをあたたかく支《ささ》える人びとのすがたでもあったのだ。

絵をかきおわって、絵筆《えふで》を手にしたまま頭を下げたとたんに、いっせいに拍手《はくしゅ》がわきあがった。美香《みか》のむねに熱《あつ》い思いがこみあげてきた。数人の客《きゃく》がかけよってきた。

「握手《あくしゅ》をしてください」

「いっしょに、写真《しゃしん》をとってください」

客《きゃく》が、美香《みか》を取《と》りまいた。こんな経験《けいけん》ははじめてだ。話しかけられるたびに、赤面《せきめん》し、むねの高なりをとめることができなかった。

「おめでとう。たくさんの人に、みてもらえて……」

担当《たんとう》の森下さんも両手《りょうて》をにぎってくれた。

「森下さんが支《ささ》えてくださったからです」

感激《かんげき》のあまり美香《みか》は、あとの言葉《ことば》につまってしまった。

母のもとへかけよった。

「お母さん、こんなに大勢《おおぜい》の人がみにきてくれはったよ！」

「よくやったなあ。すばらしかったよ」

母は美香《みか》をだきしめてくれた。

「よかったなあ。美香《みか》の絵が、ひとさまに喜《よろこ》んでもらえるなんて、お母さんもうれしいよ。それでも最初《さいしょ》にみたときは、正直なところ、なんの絵か、さっぱりわからへんかったんや。はじめに暗《くら》い色をぬったやろう。だんだんと明るい色が重《かさ》なって、女の子がうかびあがってくるし。ほんと、おどろいた」

母は笑《わら》いながらも、うれしなみだで、ときおり鼻水《はなみず》をすすりあげながら、美香《みか》のせなかを何度《なんど》もポンポンとたたいた。
母の喜《よろこ》びが、美香《みか》のむねにしみこんでいった。

■あたらしい門出《かどで》

京都《きょうと》・南青少年活動《みなみせいしょうねんかつどう》センターの個展《こてん》がおわったあと、次《つぎ》はいつも画材《がざい》を求める伏見区《ふしみく》の「丸栄《まるえい》ガクブチ店」で二週間、個展《こてん》をおこなうことがきまった。展示会場《てんじかいじょう》は画材店《がざいてん》三階《がい》の額売場《がくうりば》。会場には、養護学校高等部時代《ようごがっこうこうとうぶじだい》にさまざまなやみで相談《そうだん》にのってくれた川田カズヨ先生が来てくださった。

「夢《ゆめ》にむかって、努力《どりょく》しているわね。岡本《おかもと》さんの絵にはあたたかさを感《かん》じるわ」

川田先生は、絵の前で足をとめては一作ごとに感想《かんそう》をのべてくれた。

その翌日《よくじつ》には、小学校の二年生、四年生のときの担任《たんにん》としてお世話《せわ》になった長谷山《はせやま》トシエ先生も足を運《はこ》んでくださった。

「美香《みか》ちゃんは、絵の才能《さいのう》をもっていたものね。この道を選《えら》んだのはよかったよ」

長谷山《はせやま》先生とは十五年ぶりの再会《さいかい》だった。校庭《こうてい》の平均台《へいきんだい》の前で、先生から九九を教えてもらったことが、まるで昨日《きのう》のことのようによみがえってくる。

平成《へいせい》二十四（二〇一二）年十月十四日は、美香《みか》の新しい運命《うんめい》のとびらがひらいた日でもあった。

美香《みか》が、長谷山《はせやま》先生と、思い出話に花をさかせているとき、ひとりの白髪《はくはつ》の老紳士《ろうしんし》が、おくさまをつれて会場にあらわれた。美香《みか》の絵を一作一作、足をとめては、顔を近づけ、じっくりとみつめている。

そのとき、長谷山《はせやま》先生が、美香《みか》のせなかを「声をおかけなさい」とでもいうように、やさしくおした。

「絵をおかきになっていらっしゃるのですか?」

美香《みか》は、勇気《ゆうき》をだして老紳士《ろうしんし》に近づいた。

「いやあ、妻《つま》が水彩画《すいさいが》をかいているものでね。それに、「京都新聞《きょうとしんぶん》」を読んでいたものですから」

「ありがとうございます」

美香《みか》が礼《れい》をのべると、紳士《しんし》は、かたわらのおくさまを紹介《しょうかい》してくれた。

その老紳士《ろうしんし》こそが、この本をだすきっかけとなる渡邊光明《わたなべみつあき》さんだった。

渡邊《わたなべ》さんは、妻《つま》の画材《がざい》をいっしょに買いに来たこと、また、妻《つま》が東京の水《すい》彩画展《さいがてん》に入選《にゅうせん》したことなどを気軽《きがる》に話してくれた。

「岡本《おかもと》さんは、これからどういう道に進《すす》んでいきたいんですか？」

「夢《ゆめ》は絵本作家になることなんです。文章《ぶんしょう》はむずかしいですが、これから絵と同時にがんばって、勉強《べんきょう》していこうと思っています」

「そうですか。まだまだわかいのだから、夢《ゆめ》は大きく持《も》ち続《つづ》けたほうがいい。そうそう、東京には、私《わたし》のちょっとした知りあいで、児童文学作家《じどうぶんがくさっか》の先生がいらっしゃるので、ご紹介《しょうかい》いたしましょう」

こうして、岡本美香《おかもとみか》さんと私《わたし》（筆者《ひっしゃ》）は出会ったのだった。

■夢《ゆめ》にむかって生きる

絵画に取《と》り組《く》む美香《みか》の活躍《かつやく》が、「京都新聞《きょうとしんぶん》」に紹介《しょうかい》されてからというもの、「ぜひ、今までの体験《たいけん》や、思い出を話してほしい」といわれるようになった。

平成《へいせい》二十四（二〇一二）年十一月八日には岐阜県海津市《ぎふけんかいづし》のY小学校に行く機会《きかい》があった。

宇治《うじ》から岐阜羽島《ぎふはしま》までは約《やく》一時間。岐阜羽島駅《ぎふはしまえき》では、Y小学校の岩坂《いわさか》キミコ先生がむかえてくれた。Y小学校までは、車で三十分ほどで到着《とうちゃく》した。

Y小学校四時間目、美香《みか》は、もうすぐ卒業《そつぎょう》する六年生の教室で、自分の生い立ちや、目標《もくひょう》にむかってあゆんでいる体験《たいけん》を語ることになった。

美香《みか》が教室に足をふみいれると、純真《じゅんしん》な目をした六年生の児童《じどう》たちが、いっせいに美香《みか》をみつめた。

「こんにちは」

美香《みか》は、小さく深呼吸《しんこきゅう》をしてから、六年生にあいさつした。

「こんにちは」

子どもたちの元気な声がはねかえってきた。

「私《わたし》はね、学習障害《がくしゅうしょうがい》なの。小学校のころから、算数の計算ができないし、文《ぶん》章《しょう》がまとめられへんかった。だから、クラスのみんなにいじめられた。それで、中学二年生になってからは、障害児学級《しょうがいじがっきゅう》に編入《へんにゅう》して勉強《べんきょう》してきたのよ」

美香《みか》は、小学生時代《しょうがくせいじだい》から養護学校高等部《ようごがっこうこうとうぶ》時代《じだい》までの勉強《べんきょう》のしかた、友だちにいじめられたこと、いっぽう多くの人たちに助《たす》けられたこと、家庭《かてい》では、登校拒否《とうこうきょひ》をおこして母をこまらせたこと、妹とけんかをしてしまったことなど、一つひとつの光景《こうけい》を思いだすように、ありのままの事実《じじつ》を、とつとつとした口調《くちょう》で話しだした。

「私《わたし》はね、将来《しょうらい》、絵本作家になりたいと思って、がんばっているんやけど、みんなは、将来《しょうらい》どんなおとなになりたいのかなあ」

美香《みか》は首をかしげて、子どもたちに問《と》いかけた。

「やさしい人」

「世《よ》のなかの役《やく》にたてる人」

「わあ、感心《かんしん》やねえ。それじゃ、具体的《ぐたいてき》に、どんな仕事《しごと》をしたいのかなあ」

子どもたちからは、すぐに返事《へんじ》が返《かえ》ってきた。

「看護士《かんごし》！」

「トリマーになりたい。だから毎日ペットと遊《あそ》んでいる」

「わあ、夢《ゆめ》がいっぱいあるんやなあ。みんなえらいよ。だって、小学生のうちから大きな目標《もくひょう》をもっているんやから」

美香《みか》は、身《み》を乗《の》り出《だ》すようにして、両手《りょうて》を広げた。

「夢《ゆめ》をあきらめたら、あかんよ」

子どもたちの顔をみまわし、いちだんと強い口調《くちょう》できっぱりといいきった。


京都《きょうと》にもどってきた美香《みか》は空を見上げた。

冬の日は短《みじか》い。外は、すっかり夜の闇《やみ》にとざされていた。上空には星がまたたいていた。美香《みか》はかがやく星をながめていると、Sケーキ店ではたらいていたときにかいた、星空のもとで少年がサンタクロースに手をふっている絵が、ふと思いだされてきた。

「きれいやなあ。もうすぐ、サンタさんがやってくる」

美香《みか》は笑《え》みをたたえながらつぶやくと、冬空に光る星をいつまでも見上げていた。

■資料《しりょう》

平成《へいせい》二十四（二〇一二）年十二月五日、文部科学省《もんぶかがくしょう》から「日本の小・中学校の通常学級《つうじょうがっきゅう》に、発達障害《はったつしょうがい》の可能性《かのうせい》のある児童《じどう》・生徒《せいと》が6・5パーセントの割合《わりあい》で在籍《ざいせき》している」という、十年ぶりの調査結果《ちょうさけっか》が公表《こうひょう》された。

学習面《がくしゅうめん》や、行動面《こうどうめん》で著《いちじる》しい困難《こんなん》を示《しめ》す、発達障害《はったつしょうがい》の可能性《かのうせい》のある児童《じどう》・生《せい》徒《と》の割合《わりあい》は6・5パーセント。困難《こんなん》さの内訳《うちわけ》を見ると、

・LD（学習障害《がくしゅうしょうがい》）傾向《けいこう》　4・5パーセント
・ADHD（注意欠陥《ちゅういけっかん》・多動性障害《たどうせいしょうがい》）傾向《けいこう》　3・1パーセント
・自閉症傾向《じへいしょうけいこう》　1・1パーセント

これは、6・5パーセント以外《いがい》にも、困難《こんなん》があり、教育的支援《きょういくてきしえん》を必要《ひつよう》とし

ている可能性《かのうせい》がある。（「教育新聞《きょういくしんぶん》」平成《へいせい》二十四年十二月十日付《づけ》より）

発達障害《はったつしょうがい》というのは、

▼ＬＤ（学習障害《がくしゅうしょうがい》）＝文字の読み書きや、数字による計算を覚《おぼ》えることに、著《いちじる》しい困難《こんなん》をしめす。

▼ＡＤＨＤ（注意欠陥《ちゅういけっかん》・多動性障害《たどうせいしょうがい》）＝注意力《ちゅういりょく》に乏《とぼ》しく、落《お》ち着《つ》きがない。自分自身《じぶんじしん》をコントロールすることができない。

▼自閉症《じへいしょう》＝相手《あいて》とうまくコミュニケーションがとれない。言葉《ことば》のおくれがある。特定《とくてい》のことに対《たい》してこだわりが強い。パニックになりやすい。

▼アスペルガー症候群《しょうこうぐん》＝自閉症《じへいしょう》にふくまれるが、言葉《ことば》のおくれはみられない。だがコミュニケーションがうまくいかず、生活上の困難《こんなん》が大きい、などである。

発達障害《はったつしょうがい》の可能性《かのうせい》のある児童《じどう》・生徒《せいと》が6・5パーセントということは、

一学級《がっきゅう》あたり二～三人の割合《わりあい》で在籍《ざいせき》していることになる。今、全国《ぜんこく》には、六十万人余《あま》りの子どもたちが、発達障害《はったつしょうがい》などで苦《くる》しみ、なやみながらあゆんでいる。

あとがき

ホテルのエレベーターのドアが音もたてずに静《しず》かにひらきました。赤いじゅうたんが窓《まど》から射《さ》しこむ朝日にはえて光っていました。

私《わたし》は、この日岐《ぎ》阜《ふ》県《けん》の小学校で講演《こうえん》をたのまれ、昨夜《さくや》から岐《ぎ》阜《ふ》羽《は》島駅前《しまえきまえ》のAホテルに宿泊《しゅくはく》していたのです。

右手で旅行用《りょこうよう》の大きなカートをひきながら、エレベーターから足をふみだすと同時に、私《わたし》に気づいたのか、ロビーの長いすにこしをおろしていた女性《じょせい》が、さっと立ちあがって頭を下げました。

(岡本美香《おかもとみか》さんだ！)

私《わたし》は、すぐに気づいて、「おまたせ！」と、笑顔《えがお》で左手をあげました。

平成《へいせい》二十四（二〇一二）年十一月八日午前九時。絵本作家をめざしている岡本美香《おかもとみか》さんとの初対面《はったいめん》でした。

私《わたし》は、岡本《おかもと》さんをさそって、ホテルのラウンジにはいりました。

「朝、家をでるのが、早かったのでしょう？」

「それほどでもないんです。伏見《ふしみ》の家を七時にでましたから……京都《きょうと》から岐《ぎ》阜羽島《ふはしま》までは、意外《いがい》と近いですね。ここに八時半に着《つ》いてしまったんです」

実直《じっちょく》そうな岡本《おかもと》さんはふし目がちに、はにかみながらいいました。

岡本《おかもと》さんは、京都市《きょうとし》に住《す》んでいます。その半月ほど前に、私《わたし》は岡本《おかもと》さんの書いた「童話《どうわ》と絵画」をみていました。それに対《たい》しての、感想《かんそう》を書いたことが縁《えん》となって、岡本《おかもと》さんから、「一度《いちど》お会いしたい。東京までうかがう……」などという、手紙をもらっていました。「東京までは遠いから、関西方面《かんさいほうめん》へ講演《こうえん》に行くときにはお知らせしましょう」と、返事《へんじ》をだしました。

講演《こうえん》のむかえの車が来るまで、岡本《おかもと》さんの半生について耳をかたむけていました。

私《わたし》が岡本《おかもと》さんと出会ったきっかけは、知人の渡邊光明《わたなべみつあき》さんにあります。

ある日、岡本《おかもと》さんの個展《こてん》に行った渡邊《わたなべ》さんからお手紙をいただきました。渡邊《わたなべ》さんは、私《わたし》が、子どもの絵本や、読み物の文章《ぶんしょう》を書く仕事《しごと》にたずさわっていることを知っていたので、「岡本《おかもと》さんを励《はげ》ましていただきたい」と、たのまれたのです。

さっそく岡本美香《おかもとみか》さんに、渡邊《わたなべ》さんから手紙をいただいたこと、「京都新《きょうとしん》聞《ぶん》」を読んだことなどを書き、「目標《もくひょう》にむかって、前進《ぜんしん》してほしい」と激励《げきれい》の手紙をだしました。それから、岡本《おかもと》さんとの手紙でのやりとりがはじまり、冒頭《ぼうとう》の出会いへとつながっていったのです。

「学習障害《がくしゅうしょうがい》にめげず、力強く前むきにあゆむ半生」を知るうちに、そのことを作品化《さくひんか》し多くの方に理解《りかい》してもらえたら、と思うようになりました。岡《おか》本《もと》さんも「それが実現《じつげん》できれば……」と喜《よろこ》び、協力《きょうりょく》してくれることになりました。

岡本《おかもと》さんは、私《わたし》が京都《きょうと》をおとずれるたびにレンタカーをかりて、自宅《じたく》、小学校、中学校、養護学校《ようごがっこう》（現特別支援学校《げんとくべつしえんがっこう》）、南青少年活動《みなみせいしょうねんかつどう》センターなどを案内《あんない》してくれました。

また、執筆《しっぴつ》にあたっては、岡本《おかもと》さんの人権《じんけん》にも関《かか》わる内容《ないよう》なので、まちがったことを書いてはいけないと、何度《なんど》も確認《かくにん》を取《と》りあいました。その数は百回を越《こ》えたほどです。

今、岡本《おかもと》さんは家庭教師《かていきょうし》の平塚《ひらつか》先生について、一か月に二回デッサンの勉《べん》強《きょう》をしています。

本文のなかで、ささいなことから口ゲンカしてしまった妹さんも、今では美香《みか》さんの生き方を理解《りかい》し、個展開催《こてんかいさい》などのときは協力《きょうりょく》し、ときにはカラオケに行っていっしょにうたったり、ショッピングにもでかけています。

岡本《おかもと》さんは、個展《こてん》で知りあった渡邊《わたなべ》さん夫妻《ふさい》には、その後も生活のようすをきめこまかくメールで知らせています。

「渡邊光明様《わたなべみつあきさま》。平塚《ひらつか》先生は、基本《きほん》をしっかり身《み》につければ、いい絵がかけると、いつも励《はげ》ましてくださいます。発想《はっそう》の奇抜《きばつ》さもほめてくださいます」

渡邊《わたなべ》さんも、岡本《おかもと》さんからメールをもらうと、励《はげ》ましの返事《へんじ》をだすそうです。学習障害者《がくしゅうしょうがいしゃ》として、あるときはいじめられ、特別視《とくべつし》された岡本《おかもと》さんは今、自分の居場所《いばしょ》を自分でさがしだし、まっしぐらにつき進《すす》んでいます。

「渡邊光明様《わたなべみつあきさま》。この間、画材屋《がざいや》さんで個展《こてん》をひらきました。そうしたら、知らないオッチャンが、これはおもしろいといって一枚《まい》買ってくださったのです」

渡邊《わたなべ》さんのもとへ、ほほえましいメールが送《おく》られてきたそうです。

今回、この本の絵をかかれたのが岡本美香《おかもとみか》さんです。何度《なんど》もかきなおし、いっしょうけんめいに取《と》り組《く》んでいただきました。

最後《さいご》になりましたが、本作品《ほんさくひん》が誕生《たんじょう》するまでには、多くの方々の協力《きょうりょく》をいただきました。なかでも、アリス館《かん》の湯浅《ゆあさ》さやかさんには、取材《しゅざい》から編集《へんしゅう》までひとかたならぬお世話《せわ》になりました。ここに厚《あつ》くお礼申《れいもう》し上《あ》げます。

二〇一四年五月二十日

漆原 智良

筆者（左）と岡本美香さん（右）

※本作品《ほんさくひん》は、主人公《しゅじんこう》岡本美香《おかもとみか》さん、作品《さくひん》の縁《えん》を取《と》り持《も》った渡邊光明《わたなべみつあき》氏《し》のみ本名《ほんみょう》にしました。
そのほか登場人物《とうじょうじんぶつ》はすべて仮名《かめい》にさせていただきました。

参考文献

『片づけられない女たち』
（サリ・ソルデン／著　ニキ・リンコ／訳　WAVE出版）
『ふしぎだね!?　LD（学習障害）のおともだち』
（内山登紀夫／監修　神奈川LD協会／編　ミネルヴァ書房）
『よくわかるLD（学習障害）』（上野一彦／著　ナツメ社）
『よくわかる発達障害の子どもたち』（榊原洋一／著　ナツメ社）

漆原智良（うるしばら ともよし）
1934年東京・浅草生まれ。懸賞ドラマ一等入選し、NHK放送記念祭賞受賞。東京都中学校教諭依願退職後、立教大学、実践女子短大、秋草学園短大講師となる。現在は作家、講演活動に専念。おもな著書に、『東京の赤い雪』（フレーベル館）、『風になったヤギ』（旺文社）、『学校は小鳥のレストラン』『童話のどうぶつえん』『おばあちゃんのことばのまほう』（アリス館）、『つらかんべぇ』（今人舎）など多数。第45回児童文化功労賞受賞。日本児童文芸家協会顧問。

岡本美香（おかもと みか）
1984年京都生まれ。小学生のころから勉強が遅れがちになり、中学校2年生から障害児学級で学ぶ。卒業後は養護学校（現特別支援学校）高等部に進学。成人になってから、知能検査をうけ学習障害（LD）だとわかる。幼いころから大好きな絵を描くことを仕事にしたいと、絵本作家目指して奮闘している。

スワン 学習障害のある少女の挑戦
発行 2014年6月25日 初版発行

文　：漆原智良
絵　：岡本美香
デザイン：田辺 卓
発行人　：小林佑
編集人　：山口郁子
編集担当：湯浅さやか
発行所　：アリス館
東京都文京区目白台2-14-13 〒112-0015
電話：03（5976）7011 FAX：03（3944）1228
http://www.alicekan.com/

印刷所　：株式会社 マチダ印刷
製本所　：株式会社 ハッコー製本
表紙デザイン 田辺 卓

ISBN978-4-7520-0675-6 NDC913 160P 20cm
落丁・乱丁本は、おとりかえいたします。
定価はカバーに表示してあります。